Christina Seidel

Die kleine Nixe Hallelore

**Halle an der Saale -
ein Stadtführer für Kinder**

mit Illustrationen von Kerstin Sebastian

DVZ-VERLAGS-GmbH

Text: Christina Seidel
Illustrationen: Kerstin Sebastian
Satz & Layout : Kerstin Sebastian

Impressum
Die kleine Nixe Hallelore
Halle an der Saale - ein Stadtführer für Kinder
Herausgeber: DVZ-VERLAGS-GmbH

Satz: DVZ-VERLAGS-GmbH
Druck: UNION DRUCK Halle GmbH
ISBN 3-9807801-4-7

Inhalt

Rund um den Giebichenstein - Eine merkwürdige Geburt in der Saale

Es geschah um Mitternacht in Halle. Alle merkwürdigen Dinge auf dieser Welt passieren zu dieser Stunde. Auf dem schlammigen Grund der Saale, unweit der Burg Giebichenstein, erblickte eine Nixe das Wasser der Welt. Ihre Mutter hieß Lore. Vater Nix hatte sie von weither aus dem Rhein geholt. Ihr Kind sollte Hallelore heißen, wahrlich ein passender Name für eine Nixe, die in Halle geboren wird und deren Mutter Lore heißt.

Es war eine sehr, sehr schwere Geburt, und dann... dann... Der Nix und Lore trauten ihren Augen nicht, und auch die Fische, die alles genau beobachteten, wedelten aufgeregt mit ihren Flossen. Hallelore kam mit Schuppenbeinen zur Welt! So was hatte es noch niemals bei Nixen gegeben.

Kein Wunder, dass der enttäuschte Vater sein Kind bald keines Blickes mehr würdigte. Nach drei Tagen schwamm er mit den Worten: „Womöglich besitzt sie auch noch eine magische Hand“, saaleaufwärts davon. Mutter Lore aber erinnerte sich ihrer Kindheit am Rhein und sang von nun an fast ununterbrochen die erste Zeile von einem Lied, welches dort jeder kennt. „Ich weiß nicht, was soll es bedeuten...?“
Habt ihr schon einmal Musik von einer kaputten Schallplatte oder CD gehört? Lange ist das nicht auszuhalten.

Der kleinen Hallelore reichte Mutters Gesang nach fünf Tagen endgültig, und sie strampelte mit ihren Beinen wie ein Raddampfer in Richtung Ufer.
„Ich weiß nicht, ich weiß nicht“, klang es ihr noch im Ohr, als sie auf trockenem Boden stand. Sie schüttelte ihr langes blondes Haar, holte tief Luft und dachte: Ich will alles wissen über die Stadt Halle, wenn ich nun einmal ihren Namen trage.
Sie stieg zur Burg hinauf und wurde dort auf eine Gruppe von Leuten aufmerksam, die einer Frau zuhörten. Hallelore schlich sich vorsichtig heran, versteckte sich hinter einem Mauervorsprung und lauschte der Burgführerin.

961 wurde die Burg erstmals erwähnt. Ab 968 gehörte sie zum Magdeburger Erzbistum. Sie lag weit vor der Stadt und bestand nur aus einer Ringmauer und zwei Türmen. Später kamen der **Palas** dazu, sowie ein vorn am Felsen errichteter Wohnturm, die Kirche und eine **Kemenate**. Die Sage erzählt, dass Kaiser Heinrich II., als er die Burg an Erzbischof Daganus übergab, sagte: Dir giv ik den Stein! So erhielt sie ihren Namen.

Palas: *Wohn- und Festsaal*
Kemenate: *Frauengemach in Burgen, das mit einem Kamin ausgestattet ist.*

Die Mauern des Wohnturms waren 3-5 m dick. Nur schwere Geschosse konnten sie durchbrechen. Im 15. Jahrhundert reichten die Räume auf der Oberburg für Verwaltung, Bibliothek und Archiv nicht mehr aus, und Erzbischof Hermann III. entschloss sich zum Bau der Unterburg. Ihren Eingang bewacht der **heilige Mauritius** noch heute. 1503 wurde der Sitz der Erzbischöfe in die Moritzburg verlegt, und während des Dreißigjährigen Krieges brannte die Burg aus. Der viereckige Bergfried im Innern steht immer noch.

„Joseph Freiherr von Eichendorff, ein Dichter der deutschen Romantik, hat hier und auf den benachbarten Klausbergen viele Stunden verbracht und den Text zu einem meiner Lieblingslieder geschrieben. Schauen Sie hinunter ins Saaletal, ist der Anblick nicht wunderschön?", fragte die Führerin.

Die kleine Nixe lugte vorsichtig über die Mauer und nickte zustimmend. Zum Glück hatte sie niemand bemerkt, denn alle lauschten andächtig, als die Frau zu singen begann.

Da steht eine Burg über'm Tale
Und schaut in den Strom hinein.
Das ist die fröhliche Saale,
Das ist der Giebichenstein.
Da hab´ ich oft gestanden.
Es blühten Täler und Höhn,
Und seitdem in allen Landen
Sah ich nimmer die Welt so schön.

„Glanzvolle Feste wurden auf der Burg mit **Erzbischof Wichmann** (1152-1192) gefeiert", erzählte die Sängerin weiter, nachdem der Applaus abgeklungen war.
„Aber die Oberburg diente auch als kaiserliches Gefängnis.
Wer kommt nach Giebichenstein, der kehrt selten wieder heim,
klagte man überall in deutschen Landen.
Dem Grafen Ludwig soll der Sage nach,
die Flucht trotzdem gelungen sein.
Bewiesen ist jedoch,
dass er niemals hier war."

Ludwig der Springer

Der Pfalzgraf von Sachsen, Hermann II., hatte eine schöne Frau namens Adelheid. Graf Ludwig verliebte sich in sie, und erstach den Pfalzgrafen auf der Jagd hinterlistig mit einem Spieß. Zwei Jahre und acht Monate wurde er deshalb bereits auf der Burg gefangen gehalten und wartete auf seinen Richterspruch, als die Kunde zu ihm drang, dass der Kaiser ihn zum Tode verurteilt hatte. Ludwig stellte sich sterbenskrank und bat seinen Diener zu sich. Heimlich verabredete er mit ihm, dass dieser zu einer bestimmten Zeit am gegenüberliegenden Ufer mit seinem weißen Hengst auf ihn harren solle. Als die Stunde gekommen war, jammerte der Graf, dass ihm kalt sei und ließ sich mehrere Mäntel bringen. In einem günstigen Augenblick sprang er todesmutig aus dem Fenster in die Tiefe. Die Mäntel blähten sich wie ein Segel auf. Unbeschadet landete Ludwig in der Saale und schwamm ans andere Ufer. Dort stand sein Diener, und mit schnellen Pferden ließen sie die Verfolger hinter sich.

„Ich würde allerdings niemandem raten, Ludwig nachzueifern", fügte die Führerin mit einem Lächeln hinzu. „Wir sehen uns noch das **Freilichtmuseum** an und im Burggraben den **stärksten Baum von Halle**, eine rund 200 Jahre alte Platane mit einem Umfang von 6,50 Meter. Danach laufen wir hinunter durch den **Amtsgarten** zu den **Klausbergen**. Etwas versteckt findet man dort die **Eichendorff-Bank**."

1. Frage: *Was steht auf dem Obelisk an der Eichendorff-Bank geschrieben?*

Die Touristengruppe setzte sich langsam in Bewegung. Im weiten Abstand folgte die kleine Nixe. Sie fror und wünschte sich einen von Ludwigs Mänteln. Außerdem verspürte sie ein wenig Sehnsucht nach dem Wasser. Als die Menschen hinter einer Biegung verschwunden waren, entdeckte sie eine Treppe zum Ufer. 1, 2, 3 ... 56 Stufen zählte sie bis zu einer Höhle. Wundert euch über nicht Hallelores Fähigkeiten. Zählen und Lesen wird den Nixen sozusagen in den Strudel gelegt.

Auf einer Tafel über dem Eingang der Höhle betrachtete sie das Relief eines Mannes und las die Worte: *Dem Andenken Jahns errichtet am 20.Oktober 1878.*
Zusätzlich schmückten das Relief vier gleich große Buchstaben. "F" wie faul oder fleißig? Hallelore dachte nicht weiter darüber nach. Heute hatte sie ihren Kopf schon genug angestrengt.

2. Frage: *Was bedeuten die vier "F" auf dem Relief, und wer hielt sich hier vor wem versteckt?*

Sie sprang kopfüber in die Saale zu ihrer Mutter. Lore sang immer noch. Es klang jedoch nicht mehr traurig, denn sie hatte sich mit einem dicken alten, schwerhörigen Karpfen angefreundet. Hallelore schien zu stören. Sie beschloss, ihren Vater zu suchen, der sich nach Mutters Worten auf der Moritzburg verkrochen hatte.

Über viele Brücken muss man gehen - Von der Burg Giebichenstein zur Moritzburg

Es war windstill am nächsten Morgen. Die Saale floss gemächlich, und als die Turmuhr der St. Petruskirche in Kröllwitz achtmal schlug, machte sich Hallelore auf den Weg. Sie schwamm an drei großen vor Anker liegenden Fahrgastschiffen vorbei und buchstabierte ihre Namen: *Stadt Halle, Peißnitz, Saaletal*. Dann tauchte sie unter der Giebichensteinbrücke hindurch und paddelte weiter am Riveufer entlang.

***3. Frage:** Was bedeuten die Kuh und das Pferd an der Giebichensteinbrücke?*

***4. Frage:** Welches Fest wird hier jedes Jahr im Monat August gefeiert?*

Lange Zeit suchte die kleine Nixe mit Blicken vergeblich am Ufer nach einer Burg. Nichts ähnelte Giebichenstein. Plötzlich teilte sich der Fluss. Hallelore entschied sich für links. Weil sie Beine hatte, fiel ihr das Schwimmen gegen den Strom sehr schwer. Ihre Kräfte ließen nach, und unter einer kleinen Brücke verschnaufte sie. Laufen würde ihr sicher leichter fallen, aber ohne Kleidung? Sie kletterte aus dem Wasser, den Hang hinauf und versteckte sich erst einmal hinter einem Denkmal.

***5. Frage:** Wem ist das Denkmal am Riveufer in der Nähe der Ochsenbrücke gewidmet?*

Nicht weit entfernt entdeckte sie einen großen Container mit der Aufschrift 'Kleidersammlung'. Kurz entschlossen schlüpfte sie hinein. Passende Sachen waren schnell gefunden: blaue Jeans und blaue Jacke, roten Pullover, schwarze Schuhe. Zufrieden mit ihrer Verwandlung, quetschte sie sich wieder heraus. Ein bisschen komisch kam sie sich in den Sachen vor, und sie schwitzte auch, aber immer noch besser als splitternackt.
Sie blickte sich um, und lief dann über die Brücke und eine Wiese zu einem kleinen See. Dort standen Kinder um eine Lehrerin herum und ein Mädchen fragte gerade: „Frau Hermann, wie weit ist es denn bis zur Moritzburg?“ „Noch über drei Brücken“, antwortete die Frau.

Halle besitzt 123 Brücken, von denen 63 über Wasserläufe führen.

„Da lang?“ Ein Junge zeigte nach rechts.
„Nein, Felix. Die Brücke führt zur **Peißnitzinsel**, das weißt du doch. Aber heute wird nicht Eisenbahn gefahren oder gespielt, sondern die Moritzburg besichtigt!“
Plötzlich ertönten merkwürdig glucksende Geräusche aus der Mitte des Sees, und ein Wasserstrahl schoss senkrecht in die Luft.

Frau Hermann ließ die Kinder dessen Höhe schätzen.
„Fünf Meter“, vermutete ein Mädchen zögernd. „Hundert!“, schrie ein Junge.
„**Der Wasserstrahl der Fontäne** an diesem künstlich angelegten See **ist 40 m hoch**“, belehrte Frau Hermann. „Was Sie alles wissen“, staunte Hallelore.
Frau Hermann drehte sich überrascht zur kleinen Nixe um und sagte:
„Wer bist denn du?“
„Hallelore. Ich bin zu Besuch in der Stadt.“
„So. Also eine Touristin. Und wo willst du hin?“
„Zu meinem Vater auf die... auf die ... Moritzburg.“
Frau Hermann blickte die kleine Nixe misstrauisch an.
„Was macht denn dein Vater auf der Moritzburg?“
Hallelore überlegte krampfhaft. Zum Glück wartete die Lehrerin nicht, sondern sagte:
„Na ja, wenn du willst, kannst du mit uns gehen.“
„Danke“, sagte Hallelore.

Die Kinder liefen zur **Steinmühlenbrücke** und an den Sportplätzen der Universität vorbei bis zur **Dreierbrücke**. „Jeder, der über diese schmale, hölzerne Laufbrücke zur **Würfelwiese** wollte, musste noch vor 150 Jahren dem Schleusenmeister einen Dreier zahlen. Das waren drei Pfennige, und dafür konnte man sich damals ½ Kilogramm Kartoffeln kaufen“, erklärte Frau Hermann.

12 Pfennige entsprachen einem Silbergroschen und 30 Silbergroschen einem preußischen Taler.

„Jetzt bezahlt man mit Cent und Euro! Ich habe mir einen Glückspfennig aufgehoben!“, rief ein Junge und holte ihn stolz aus seiner Hosentasche. Nur Hallelore betrachtete den Pfennig aufmerksam.

Die meisten Kinder waren schon weiter zum Spielplatz gerannt. Frau Hermann rief sie energisch zurück. Als alle wieder zusammen standen, erzählte sie vom Knoblauchs-Mittwoch, einem alten halleschen Volksfest, das zu Pfingsten auf dieser Wiese gefeiert wurde. „Händler bauten Buden und Stände mit Glücks -, Los- und Würfelspielen auf. Wer an diesem Tag Knoblauch isst, der würde das ganze Jahr gesund bleiben, glaubte man.“

6. Frage: *Was für ein Fest wurde zu Pfingsten früher auf der Würfelwiese gefeiert, und woher hat die Wiese ihren Namen?*

„Iiiih Knoblauch“, rümpfte ein rotblonder Junge die Nase. „Da stinkt man ja hinterher meterweit.“ Frau Hermann lachte. „Wenn alle davon essen, stört es keinen.“

An der Pfälzerbrücke sammelte die Lehrerin die Kinder um sich. Vor ihnen erhob sich groß und mächtig die Moritzburg. „Ihr Name sollte an den Schutzheiligen des Erzbistums erinnern“, sagte Frau Hermann. „Der hieß Mauritius. Die Deutschen tauften ihn in Moritz um. Im Jahr 285 starb er als römischer Feldherr, weil er sich weigerte gegen die eigenen Glaubensbrüder vorzugehen.“

Der heilige Mauritius wird als römischer Soldat, auch als Ritter mit dunkler Hautfarbe (der Maure, der Mohr) mit Richterschwert und Siegespalme oder -fahne dargestellt.
Er ist Patron vieler Handwerker.

Frau Hermanns Stimme klang geheimnisvoll: „Irgendwo hier soll früher das Schwarze Schloss gestanden haben, über das eine unheimliche Geschichte erzählt wird.“

Die interessierte die Kinder mehr als der Heilige.

Das Schwarze Schloss

Ein Graf feierte dort Feste bis in den nächsten Morgen, und man sah ihn auch in den stürmischen Herbst- und Winternächten im Gefolge des wilden Jägers.
Als er sich eines Tages wieder auf der Jagd befand, kam ein weißer Hirsch vor seine Flinte. Der Graf schoss daneben und verfolgte den Hirsch quer durch den Wald, hetzte und jagte ihn bis unter das Kreuz eines Einsiedlers, wo er zusammenbrach.
Ungerührt erstach der Graf das Tier.
Als er ihm das Herz entnahm, sah er darauf ein weißes Kreuz.
„Ein geweihtes Tier“, murmelte er. „Sei's drum, es wird mir um so besser schmecken.“
Von seinem Koch ließ er sich daraus eine Speise zubereiten. Schon nach dem ersten Bissen hörte er eine Amsel auf dem Fenstersims singen:
„Trab, trab, trab, reit den Burgweg hinab.“
Eine Fliege summte: „Du musst fliehn, dein Schloss sinkt hin.“
Der Graf schwang sich zur Flucht auf sein Pferd. Doch der Koch, der auch von dem Herzen gekostet hatte, und die Sprache der Tiere verstand, hielt sich an dessen Schweif fest.
Der Graf bemerkte es und trennte mit einem Hieb den Schwanz ab.
Auf der Saale schrie ein Schwan: "Schau nicht zurück, es ist dein Glück."
Ein fürchterliches Unwetter und Beben setzte ein. Der Graf ritt um sein Leben und blickte sich erst auf der Burg Giebichenstein um. Er sah nur noch, wie die Spitze seines Schlosses im Fluss versank.

Frau Hermann begann zu flüstern. „Und jetzt Kinder, verrate ich euch noch ein Geheimnis. Jährlich am 25. Juni, dem St. Jakobustag, soll man um Mitternacht das Schwarze Schloss auf dem Grunde der Saale sehen können."

Die Kinder redeten wild durcheinander. Ein Junge behauptete, das Schloss mehrmals gesehen, ein Mädchen, das Knurren ihrer Katze verstanden zu haben und der Rotblonde wollte eine Gaststätte kennen, in der man Herzen mit weißem Kreuz drauf zum Essen bestellen konnte.

Hallelore kam aus dem Staunen nicht heraus. Frau Hermann lächelte und ermahnte dann, vorsichtig beim Überqueren der Straße zu sein. „Und achtet auf dem Weg auf alles, was ihr seht!" Bald darauf stand die Gruppe im Innenhof der Burg.

Die Moritzburg ist mehr als 500 Jahre alt. Erzbischof Ernst ließ sie erbauen. Aber durch Erzbischof Albrecht wurde sie zu einer weit über Deutschland hinaus bekannten Hofburg. Auf der linken Seite lag das Küchenhaus mit Backofen und Brunnen. Jetzt ist dort eine Galerie untergebracht mit wertvollen Gemälden, alten Münzen und Gläsern.
Die vier Ecktürme mit den Schießscharten dienten als Bastionen gegen aufmüpfige Bürger der Stadt. Einen zusätzlichen Schutz bot die Zugbrücke. Der Graben darunter war 10m tief und 25m breit. Im Dreißigjährigen Krieg half das alles nichts. Am 6. Januar 1636 brach eine Feuersbrunst aus. Die sächsischen Soldaten hatten ein Feuer im Schlafsaal entfacht. Weil ihnen endlich warm wurde, fielen alle in tiefen Schlaf und erwachten erst, als die Burg in Flammen stand.

„Ich habe eine schwierige **Aufgabe** für euch", sagte Frau Hermann. „Erzbischof Ernst hat hier vor 500 Jahren irgendwo seine fünf Wappen anbringen lassen. Sucht sie! In 15 Minuten treffen wir uns wieder und zwar vor dem Eingang zur **Galerie**. Und dann bringen wir dich zu deinem Vater, Hannelore."

Die kleine Nixe verbesserte Frau Hermann nicht, weil sie ihren Namen falsch ausgesprochen hatte, sondern folgte langsam den Kindern.

Von der Moritzburg über Domplatz zum Markt - Viele Türme und Geschichten

Hallelore hatte die fünf Stadtwappen an der Westseite der Burg schnell gefunden, aber zurück zu Frau Hermann wollte sie nicht. Sollte sie sagen: Mein Vater, der Herr Nix, schwimmt irgendwo in der Saale...?
Sie beschloss, vorerst auf eigene Faust die Stadt Halle zu erkunden. Wonach sie suchen wollte, wusste sie auch schon: nicht nach ihrem Vater, sondern nach der **Tourist-Information**. So stand es auf einem Wegweiser vor der Burg, und dort würde sie bestimmt viel über Halle erfahren. Hallelore lief den **Schlossberg** hinunter, die **Mühlgasse** bis zum **Domplatz** hinauf und blickte staunend auf die große Kirche mit den merkwürdigen 'Eselslohren'.

Auf diesem Hügel ließ König Karl, der Sohn von Kaiser Karl, vermutlich das erste Kastell im Jahre 806 errichten. Es sollte als Stützpunkt des fränkischen Heeres gegen die Slawen dienen.

Der **Dom** ist eine typische Bettelmönchkirche ohne Schmuck und Verzierungen. Auch ein Turm fehlt. Im 13. Jahrhundert begannen die Dominikanermönche mit dem Bau. Als Anfang des 16. Jahrhunderts Erzbischof Albrecht Halle zu seiner Lieblingsresidenz machte, zwang er die Mönche, ihre Kirche zu verlassen. Im 17. Jahrhundert wurde der Dom zur Hofkirche Augusts von Sachsen erklärt.

7. Frage: *Warum heißt die Kirche „Dom"?*

Plötzlich ertönten Glocken, und neugierig ging die kleine Nixe dem Klang nach. Dabei las sie aufmerksam die Namen der Straßen: **Große Klausstraße, Nikolaistraße, Graseweg, Kühler Brunnen**. Auch am **Händelhaus** kam sie vorbei.
Der Glockenklang wurde immer lauter. Hallelore erreichte einen großen Platz und wäre beinahe von einer Straßenbahn überfahren worden, weil sie staunend hinaufblickte, wie Hans guck in die Luft, zu der goldenen Kugel, die auf der Turmspitze glänzte, von der das Geläut kam. „Mechen, wo hast du denn deine Oochen", schimpfte eine ältere Frau.
Hallelore kam sich sehr verlassen vor. Die vielen Menschen, Händler, Stände, quietschende Straßenbahnen, Fahrradfahrer. Am liebsten wäre sie so versteinert stehengeblieben wie der große Mann vor dem Turm. „Dort ist die Tourist- Information", hörte sie auf einmal eine Stimme neben sich. Zwei Kinder, etwas größer als Hallelore, ein Junge und ein Mädchen, gingen die eisernen Treppen hinauf. Die kleine Nixe folgte ihnen.
Oben fragte der Junge nach einem Kinderstadtführer, und als er das Buch in den Händen hielt, blätterte er darin und sagte zu seiner Begleiterin: „Den nehmen wir. Da wird Frau Ludwig im Heimat- und Sachunterricht staunen."

Hallelore staunte auch. So einfach ging das. Alles, was sie wissen wollte, sollte in dem Buch stehen? Sie hätte es ebenfalls gern gekauft - aber ohne Geld...?
Sie steckte schnell einen Stadtplan ein, der in einem der Ständer lag, und folgte den beiden. Jedoch so auffällig, dass sich die Kinder bereits nach wenigen Metern umdrehten und sie misstrauisch betrachteten.
„Hallo“, sagte die kleine Nixe mutig, „ich bin Hallelore vom Giebichenstein. Und wer seid ihr?“
„Das geht dich gar nichts an“, knurrte der Junge und wollte weitergehen, aber das Mädchen hielt ihn zurück. „Ich heiße Anne“, sagte sie, „und das ist mein Freund Jakob. Behandelt ihr auch Halle im Unterricht? Straßen und Kirchen, Plätze und Sagen? Morgen fragt uns Frau Ludwig über den Markt aus. Aber wir haben ja jetzt das Buch. Warum der Turm hier Roter Turm heißt, steht drin, und wer der Mann auf dem Sockel ist, und warum die Kirche vier Türme hat ...“
„Nun hör endlich auf mit Wer und Warum und Wieso ...“, schimpfte Jakob.
„Ich will's auch wissen“, sagte Hallelore. „Wir setzen uns auf die Bank und dann lies vor! - Von mir aus kannst du zuhören“, fügte sie mit einem Blick auf Jakob gnädig hinzu. Dem schien die energische Hallelore die Sprache verschlagen zu haben. Dafür las Anne:
„Im Mittelalter tauschten und verkauften auf dem **Markt** Kaufleute, Handwerker und Bauern ihre Waren. Überall auf dem Platz standen Buden und Werkstätten. Nur im Osten (Händels Rücken) ließen sie Raum für ein **Rathaus**. Das war ursprünglich ein Fachwerkbau. Links davon stand die **Waage**. Dort versammelten sich die Bürger zu wichtigen Anlässen. Beide Gebäude wurden 1945 bei einem Bombenangriff beschädigt. Das Portal der Waage steht heute im Hof der Moritzburg.

Aufgabe: *Suche Halles Wappen am neuen Rathaus und am Stadthaus!*

Halle wird auch die Stadt der **fünf Türme** genannt. Sie sind ihr **Wahrzeichen**. Vier gehören zur Marktkirche. Früher standen an dieser Stelle zwei kleine Kirchen; die Marienkirche und die Gertraudenkirche. An einem Tag im Mai 1529 einigten sich Kardinal Albrecht, die Gemeindevertreter und der Rat der Stadt über einen Umbau der Kirchen. Beide Kirchenschiffe wurden abgerissen und die zwei stehen gebliebenen Turmpaare, die Blauen Türme sowie die Hausmannstürme, durch ein neues Schiff verbunden.
Bei einem Bombenangriff im Zweiten Weltkrieg wurde das Kirchendach zerschlagen. Zum Glück blieb die Bombe als Blindgänger im Schiff liegen. Erheblichen Schaden verursachte Pfingsten 1967 heißer Dampf, der aus der Fernheizung in die Kirche strömte.“
Anna sah von dem Buch auf. „Von unserem Pfarrer weiß ich“, sagte sie, „dass Martin Luther in dieser Kirche gepredigt hat. Der hat die Bibel ins Deutsche übersetzt. Seine Totenmaske und seine Hände liegen im Schrank der Sakristei.“

Sakristei: *Nebenraum in Kirchen, in dem die für den Gottesdienst benötigten Gerätschaften aufbewahrt werden.*

„Seine Hände?", fragte Hallelore entsetzt. „Na, als Wachsabdruck natürlich!"
„Ich habe schon einmal dort auf dieser schmalen Brücke zwischen den Türmen gestanden", unterbrach Jakob, der sich ärgerte, weil Anne so mit ihrem Wissen prahlte.
„Am Tag des Denkmals. 220 Stufen bin ich mit meinem Vater eine Wendeltreppe hinaufgestiegen. Er hat mir erzählt, dass früher oben in den winzigen Räumen der Türmer wohnte. Von dort hielt er nach Feuersbrünsten Ausschau. Bei Großfeuer läutete er die Sturmglocke, bei kleinerem Feuer hisste er außerdem bei Tag die Fahne, bei Nacht zündete er die Laterne an. Wasser und Brennmaterial wurden am Seil hochgezogen. Manchmal kam neugieriger Besuch, Leute, die nur die gute Aussicht genießen wollten. Jeden Abend blies der Türmer auf seiner Trompete in alle vier Himmelsrichtungen."
„Mittwochs, 18.00 Uhr, müsst ihr mal über den Marktplatz gehen", warf Anna ein.
„Dann geben Musikanten auf der Brücke zwischen den Türmen ein kleines Konzert.
Ich finde das besser als in Goslar, wo Männchen aus Uhren spazieren."
„Und der fünfte Turm ...", fragte Hallelore.
„Das ist der **Rote Turm**!"
Die kleine Nixe guckte erstaunt in die Richtung, die Anne zeigte. „Der ist doch schwarz!"
„Ja, aber hier steht ..." Anne suchte mit dem Finger die Stelle. „Den Namen gab man dem Turm, weil hier Todesurteile gesprochen und Blutstrafen ausgeführt wurden."
„Hand abhacken und Ohren abschneiden waren an der Tagesordnung", behauptete Jakob.
„Hundert Jahre hat man an dem Turm gemauert und gezimmert, weil den Stadtvätern zwischendurch immer mal wieder das Geld fehlte. Schaut mal, dort oben neben dem Fenster, seht ihr den steinernen Hund. Wahrscheinlich sollte der Baumeister, wie es üblich war, ein lebendiges Tier einmauern."
„Iiih, das ist ja grässlich!", entfuhr es der Nixe.
„Nun warte doch erst mal ab", beruhigte sie Anne.
„Er hat einen steinernen Hund angebracht, anstatt einen lebendigen zu opfern."
Die ist aber leicht zu schocken, dachte Jakob und sagte geheimnisvoll:
„Wisst ihr, was sich in der goldenen Kugel auf der Turmspitze befindet?"
Die Mädchen schüttelten den Kopf.
„Reliquien und Knochen von den 11 000 Jungfrauen und vom Heiligen Moritz.
246 Stacheln auf der Kugel sollen Geister und Dämonen abschrecken."
Hallelore guckte entsetzt, Anne ungläubig, und zur Bestärkung ergänzte Jakob:
„Das hat nämlich mein Pfarrer erzählt."
„Was der Pfarrer erzählt, stimmt", sagte Anne.

Plötzlich fiel Hallelores Blick auf den steinernen Riesen an der Turmwand.
„Wer ist denn dieser komische Typ?", fragte sie.
„Der hallesche Roland. Wenn ihr wollt, lese ich euch eine lustige Sage über ihn vor."

Der Roland ist „erst" ca. 300 Jahre alt und eine Kopie des ursprünglich buntbemalten hölzernen Originals, das um 1250 ein Symbol für das Burggrafengericht war.

Der Roland als Bürge

Anfang des 18. Jahrhunderts nahm in Halle ein Mann, genannt Schnallenpeter, besonders die reichen Bürger auf die Schippe. Eines Tages klopfte er bei dem Bürger Drachstedt und bot ihm seine Schnallen, Bänder, Gürtel und Taschen an. „Ich brauche nichts, geht Eurer Wege", entgegnete der unfreundlich.
„Aber ich brauche dringend 100 Taler. Das Geschäft läuft schlecht. Ihr seid vermögend. Gebt Euch einen Ruck und borgt sie mir."
„100 Taler! Ihr seid wohl nicht bei Sinnen", lachte Drachstedt und wollte die Tür zuschlagen. Schnallenpeter hielt den Fuß dazwischen. „Geizig seid Ihr. Die Leute haben Recht, wenn sie das behaupten. Dabei hätte ich einen Bürgen, der zwar etwas schlecht zu Fuß ist, so dass Ihr selbst zu ihm gehen müsstet, aber..."
„Er bürgt, dass ich das Geld bis Jahresende zurückhabe? Gut", sagte Drachstedt, „dann sollst Du es haben. Bringe mich zu ihm."
Schnallenpeter führte Drachstedt über den Marktplatz zum Roland. „Hier ist mein Bürge", sagte er, „Schulden hat er keine, aber ein festes Dach über dem Kopf. Und er wird Dir nicht davonlaufen." Lachend ließ er den verdutzten Drachstedt stehen.

„Ich glaub so was alles nicht", äußerte sich Jakob abfällig, „das sind doch alles bloß Sagen und Märchen. Böse Geister, Feen, Dämonen, Schnallenpeter, Nixen und so weiter, das gibt's nicht!"
„Nixen gibt's!"
Jakob und Anne blickten Hallelore erstaunt an.
Der Junge tippte sich mit dem Zeigefinger an die Stirn. „Großer Quatsch! Nixen existieren bloß in Märchenbüchern. Das steht so fest wie Roland vor dem Roten Turm."
Huschte plötzlich ein Lächeln über dessen Gesicht? Oder nur ein Sonnenstrahl?
„Los, Anne", sagte Jakob, „lies von Händel vor. Nach dem fragt Frau Ludwig morgen bestimmt."

Die Kinder liefen zum Denkmal hinüber und setzten sich dort auf die Stufen.
„Über den steht viel in dem Buch“, wunderte sich Anne. „Der wäre bestimmt Ehrenbürger geworden, wenn er noch leben würde. Aber“, sie rechnete, „der ist ja schon fast 250 Jahre tot, und erst 100 Jahre nach seinem Tod hat man ihm das Denkmal errichtet.“
Sie begann vorzulesen:
„Am 23.Februar 1685 wurde **Georg Friedrich Händel** im Haus *Zum gelben Hirsch* in der Straße *Am Schlamm* geboren und später in der Marktkirche getauft. Heimlich übte der Junge auf dem Boden des Hauses auf einem Klavichord, das ihm seine Tante geschenkt hatte. Nur widerwillig folgte er dem Wunsch seines Vaters, Jura zu studieren. Als er in der Domkirche seine erste Anstellung als Organist erhielt, brach er sein Studium ab. Er reiste viel und gern; nach Hamburg, Italien und England. In Venedig riefen die Zuhöhrer nach der Aufführung seiner Oper Agrippina im Jahre 1709: Viva il caro Sassone - es lebe der liebe Sachse! Dieser Ausspruch wurde zum geflügelten Wort. Halle gehörte jedoch niemals zu Sachsen. In einem Krämerladen in der Nähe Londons fiel Händel die Musik zu dem Hallelujachor des Messias ein. Er schrieb die Noten auf eine Tüte: *Hal-leluja, halle-lu-ja, hal-le-lu-ja!* Der Messias wurde Händels berühmtestes Werk. Schon bei der Generalprobe im April 1742 herrschte starker Andrang. In den Zeitungen wurde gebeten, dass die Damen nicht im Reifrock erscheinen und die Herren den Degen zu Hause lassen, damit mehr Zuschauer hineinpassen würden.
Als der Chor ertönte, erhoben sich alle wie auf ein heimliches Zeichen von den Plätzen.
Im Alter erblindete Händel. Doch aus dem Gedächtnis spielte er seine Kompositionen auf der Orgel bis kurz vor seinem Tode. Am Ostersonntag 1759 starb er in London.

8. Frage: *Wie heißt heute die Straße, in der Händels Geburtshaus steht?*
Was befindet sich in seinem Elternhaus?

Seit 1952 finden ihm zu Ehren jährlich in Halle Festspiele statt.“
„Ich war schon mal dabei“, unterbrach Jakob, „in der Galgenbergschlucht.
Das Abschlusskonzert ist Spitze, mit Feuerwerk, wie zu Silvester.“
Die Sonne verschwand hinter grauen Wolken.
Anne blickte zur Uhr am Roten Turm. „Gleich um drei! Ich muss nach Hause!“
„Ich auch“, sagte Jakob.
Ohne Verabschiedung waren sie im Marktgewühle verschwunden.
So was würden Nixen nie tun, dachte Hallelore und beschloss,
auf keinen Fall bei den Menschen zu bleiben.

Vom Alten Markt zu Franckes Stiftungen – Mit Esel und Riesen

Nach Hause..., hatte Anne gesagt. Nach Hause, in die Saale am Giebichenstein, zog es Hallelore noch nicht. Auch nicht mehr zu ihrem Vater. Sie bog nach links in die **Schmeerstraße**, wo ein Wegweiser die Richtung **Alter Markt** anzeigte. Sie kannte nun den großen Marktplatz und war neugierig auf den Alten Markt. Weil sie nicht wie die meisten anderen Fußgänger nach unten schaute oder stur geradeaus, fielen ihr am Haus Nr. 2 in einer Nische über dem Portal zwei steinerne kleine Köpfe und ein krokodilartiges Ungeheuer, sowie ein Vorhängeschloss auf. Auf einer Schrifttafel las sie, dass Martin Luther 1545 hier gewohnt hatte, als er das erstemal die Saalestadt besuchte.

9. Frage: *Wie hieß das Haus Nr. 2, als Martin Luther in ihm übernachtete?*

Die grauen Wolken waren weitergezogen, und es wurde wieder so warm, dass die kleine Nixe ihre Jacke über den Arm nahm. Sie lief der Sonne entgegen, in Richtung Süden, bis sie auf einen kleineren Platz gelangte. Der Brunnen mit der Tierplastik in der Mitte fiel ihr auf. Schade, dachte sie, mit dem Kinderstadtführer wäre ich besser dran. Sie erinnerte sich an den Stadtplan, den sie bei der Tourist-Information eingesteckt hatte, ließ sich auf einen der Stühle auf der Freifläche des benachbarten Cafes fallen und breitete die Karte auf dem Tisch aus. Als sie feststellte, wie weit sie schon von der Burg Giebichenstein im Norden der Stadt entfernt war, erschrak sie.
Auf einmal setzten sich eine ältere Frau und ein Mädchen zu ihr.
„Dürfen wir auch in deine Karte schauen?“
Hallelore nickte und schob der Frau bereitwillig den Plan hin.
Die tippte mit dem Zeigefinger auf eine Stelle. „Hier sind wir jetzt, Sophie. Hier stand auch das älteste Rathaus Halles. Das wurde 1312 bei dem großen Brand zerstört. Alles brannte damals ab. Nur Steinbauten, wie Klöster, Kirchen und Kapellen blieben verschont. - Aber wir hoffentlich nicht von einem großen Eisbecher.“ Sie sah sich nach einem Kellner um und wandte sich an Hallelore. „Dir spendier ich auch einen.“
Eis? Die kleine Nixe kriegte Gänsehaut, denn vor nichts haben Nixen so viel Angst wie vor zugefrorenen Seen und Flüssen.
„Danke“, sagte sie, „aber ich möchte lieber Wasser.“
„Na gut, dann ein Glas Wasser“, nickte die alte Dame. „Im Mittelalter konnten die Menschen es nicht so einfach beim Kellner bestellen. Sie mussten sich Wasser aus Brunnen holen. - Über die zwei Figuren, den Müllerburschen und seinen Esel, am Brunnen auf diesem Platz, kann ich Euch eine Sage erzählen.“

Der Esel, der auf Rosen geht

Kaiser Otto wollte Halle besuchen, und viele Menschen kamen, um ihn zu begrüßen. Er sollte durch das Rannische Tor Einzug halten, und man bestreute seinen Weg mit Rosen. Tage zuvor hatte es nun aber ununterbrochen geregnet, und die Elsteraue überschwemmt. Der Kaiser musste den Weg über die Hohe Brücke wählen. Ein Müllerbursche machte sich den Spaß, als Erster seinen Esel hoheitsvoll den Rosenweg entlang zu führen, und das Volk jubelte ihm zu, als ob er der Kaiser wäre.

„Eine schöne Geschichte", meinte Hallelore, und Sophie stimmte ihr zu.
„Geschichten hat man sich früher öfter erzählt als heute", behauptete Sophies spendable Begleiterin. „Obwohl es weniger Maschinen gab, die den Menschen die Arbeit erleichterten, hatten sie mehr Zeit für einander."
„Erzähl noch so eine schöne Geschichte, Oma", bat Sophie.
Die alte Dame überlegte nicht lange. „Vielleicht die Sage vom Schellenmoritz. Er hat die Moritzkirche erbaut. Gleich hier um die Ecke, am Ende der Straße steht sie noch heute."

Der Schellenmoritz

Baumeister Moritz war ein jähzorniger und gefürchteter Mensch. Er trieb seine Arbeiter gnadenlos zur Eile an. Arbeiteten sie seiner Meinung nach zu langsam, schlug er grausam auf sie ein.

Seine Schwester dagegen war gütig und freundlich. Zum Geburtstag schenkte sie ihrem Bruder einen Gürtel, an dem sie viele kleine Glöckchen befestigt hatte. Sie werden die Arbeiter warnen, hoffte sie. „Mit Härte treibst du den Bau nicht voran", beschwor sie ihren Bruder. „Sei freundlich zu deinen Arbeitern, dann dienen sie dir gern. Ansonsten wird meine Moritzburg noch vor deiner Kirche fertig sein." Moritz ließ sich nicht belehren.
Aber seine Schwester behielt Recht. Als der Ritter erfuhr, dass die Moritzburg fertiggestellt war, sattelte er wütend sein Pferd, um sich an Ort und Stelle zu überzeugen. Da er alles wohlgelungen vorfand, erschlug er seine Schwester im Zorn und warf sie von der Burg. Auch seine Arbeiter bekamen seinen Unwillen zu spüren. Blindwütig haute er mit seinem Schwert um sich, so dass sie die Flucht ergriffen. Niemand fand sich nun mehr bereit, in seinen Dienst zu treten. So blieb die Kirche ohne Turm.

Auch ohne Turm kann eine Kirche schön sein, dachte Hallelore.
Nixen wollen nicht hoch hinaus.
Der Kellner brachte Eis und Wasser, und Hallelore trank hastig in großen Zügen.
Sophies Oma redete unterdessen weiter. Sie wusste offenbar viel von der Stadt Halle.

„Ihr müsst euch vorstellen, dass vor 500 Jahren hier vorwiegend solche Fachwerkhäuser standen wie die Nummer 31 mit den roten Balken gleich rechts um die Ecke. Typisch waren hohe Satteldächer mit zwei Reihen Dachluken und einer festen Rolle, mit der Vorräte an Holz, Getreide und Obst hinaufgezogen wurden. In der **Rannischen Straße**, die zum Franckeplatz führt, gab es viele Ausspanngasthöfe. Dort konnten Händler, die mit Pferd und Wagen kamen, übernachten.“

10. Frage: *Das Haus Nr. 19 in der Rannischen Straße “Die Goldene Rose” ist der älteste noch existierende Gasthof. Wann wurde er gebaut? Eine Inschrift verrät es dir.*

„Riesen gibt’s in Halle auch“, unterbrach Sophie unvermittelt, weil sie nichts mehr von Fachwerk und Gasthöfen hören wollte.
„Ja, ja, aber jetzt müssen wir nach Hause“, sagte ihre Oma, winkte dem Kellner und bezahlte.
„Tschüs, mein Kind“, verabschiedete sie sich von Hallelore, und die kleine Nixe blieb wieder einmal allein zurück.
Der Kellner schmunzelte, als sie ihn nach den Riesen fragte.
„Geh die **Kutschgasse** hinauf bis zur **Großen Märkerstraße**. Dort stößt du auf das **Stadtmuseum**. Dann am **Kleinen und Großen Berlin** vorbei bis zur **Großen Brauhausstraße**. Die Riesen sind nicht zu übersehen.“
Die Sonne stand bereits im Westen, es war kühler geworden. Hallelore zog ihre Jacke an und nahm den Weg, den ihr der Kellner gewiesen hatte.

11. Frage: *Wer wohnte Anfang des 18. Jahrhunderts in der Großen Märkerstraße 10 und was ist heute dort untergebracht?*

Tatsächlich, da standen sie! Ihr klopfte das Herz fast bis zum Hals während sie zögernd weiter ging. Riesen und Nixen begegnen sich selten. Deshalb kann man Hallelores Aufregung gut nachfühlen. Mit dem Kopf reichte sie gerade bis zur Wade des einen. Sie hob die Hand und strich vorsichtig über sein faltenreiches Gewand. Es fühlte sich auf einmal weich und glatt wie Seide an. Erschrocken zog sie ihre Hand zurück. Da fiel ihr wieder ein, was Vater Nix beim Abschied gemurmelt hatte. Sollte sie wirklich eine magische Hand besitzen?
Sie berührte den großen Zeh von Herkules und zuckte zurück. Er hatte sich bewegt! Ein zähnefletschendes Ungeheuer starrte sie zu seinen Füßen furchterregend an. Sie kniff die Augen zu. Nein, die Riesen wollte sie nicht zum Leben erwecken.
Schnell rannte sie am **Jerusalemer Platz** vorbei, bog nach rechts in die **Kleine Brauhaustraße** ein und überquerte den **Waisenhausring**, ohne auf die Autos zu achten. Hinter ihr quietschten Bremsen. Die kleine Nixe drehte sich nicht um. Erst auf dem Gelände der **Franckeschen Stiftungen** lief sie langsamer. Sie wollte sich irgendwo verkriechen, schlafen, so kaputt und müde war sie.

Auf dem Innenstadtring - mit Halloren, Hallunken und berühmten Hallensern

Am nächsten Morgen wurde Hallelore durch Kinderlärm geweckt. Sie rieb sich verwirrt die Augen und sah sich um. Wo befand sie sich eigentlich?
Ach ja, in die Montessori-Schule war sie am Abend geschlüpft, als der Hausmeister seinen Rundgang gemacht und dabei die Tür offengelassen hatte. In der Ecke eines Klassenzimmers war sie auf ihre Jacke gekuschelt sofort eingeschlafen.
„Langsam, Kinder, langsam!“, vernahm sie plötzlich eine bekannte Stimme ganz in der Nähe. Das war doch ... Hallelore begann, krampfhaft nach einem Versteck zu suchen. Nur der Bücherschrank schien geeignet. Kaum war sie hineingekrochen, wurde die Tür des Raumes von Frau Hermann aufgerissen. Hinter ihr drängelten die Kinder.
Ihr könnt euch denken, dass Hallelore nicht sehr bequem saß. Sie klemmte zwischen Büchern, Heften und allerlei Krimskrams. Aber besser plattgedrückt, als von Frau Hermann ausgequetscht zu werden, dachte sie. Zum Glück stand Heimat- und Sachunterricht auf dem Stundenplan. Das konnte spannend werden.
„Heute gehen wir leider nicht am schönen Saaleufer spazieren“, sagte die Lehrerin und rollte einen großen Stadtplan aus. „Heute spazieren wir nur mit dem Finger entlang der alten **Stadtmauer**. Schaut mal her! Im 12. Jahrhundert begann man, sie mit **40 Wachtürmen** zu errichten. Ihr müsst euch vorstellen, dass es damals nicht sehr friedlich auf der Welt zuging. Häufig planten Ritter oder fremde Landsknechte einen Überfall. Jeder, der in die Stadt hineinwollte, wurde deshalb an einem der sechs großen, aus schweren Eichenbalken gebauten Tore, streng kontrolliert. Nachts und bei Gefahr wurden sie alle fest verschlossen.
Der Bau einer so hohen und langen Stadtmauer war natürlich nicht billig.
Einmal fehlte den Stadtvätern dazu das Geld, und ob ihr es nun glaubt oder nicht, der Teufel persönlich hat ihnen geholfen.

Der Teufel und die Stadtmauer

Der Teufel versprach innerhalb von drei Tagen den Bau der Stadtmauer zu Ende zu führen, wenn er zwei Kinder dafür als Lohn erhalten würde. Die Bürger waren entsetzt, aber der Bruder Anselm, ein Mönch, riet zu dem Pakt, vorausgesetzt, der Teufel hielte die Frist genau ein. Die Zeit sei um, wenn der Hahn am Morgen des vierten Tages dreimal kräht, so wurde beschlossen.
Als die Hallenser sahen, wie die Mauer wuchs und wuchs, und der Teufel nachts ohne Unterbrechung die schweren Steine heranschleppte, wurde ihnen angst und bange. Bruder Anselm beruhigte sie und erzählte von seinem Hahn, der immer die Klosterbrüder weckte, wenn sie zu den Gebetsstunden in die Kirche mussten. Er hatte ihn so dressiert, dass er auf ein Zeichen hin krähte.

In der letzten Nacht nun, kurz bevor es dämmerte, stieg Anselm mit dem Hahn auf die Hausmannstürme. Als der Mönch sah, dass der Teufel fast fertig war, ließ er den Hahn krähen, und sogleich stimmten auch die anderen Hähne in der Stadt mit ein. Aus Wut über seine Niederlage warf der Teufel die letzten Steinbrocken in die Stadt. Das störte die Bürger nicht mehr, sie feierten mit Anselm die fertige Stadtmauer.

Natürlich bezweifelten die Kinder dieses Teufelswerk, und ihre Lehrerin bestärkte sie dabei. Die kleine Nixe im Schrank aber dachte: Warum sind die Menschen nur so ungläubig?

Frau Hermann widmete sich mittlerweile wieder der Karte. „Das Tor, durch das man von Norden, aus Richtung Magdeburg, in die Stadt gelangte, ist das **Ulrichstor**. Erinnert ihr euch? Gestern sind wir den **Moritzburgring** entlanggelaufen, und hier, wo die **Geiststraße** in die **Große Ulrichstraße** mündet, stand dieses Tor."
„Geiststraße? Wohnten dort Geister?", fragte ein Mädchen.
„Höchstens solche kleinen Quälgeister wie du", lachte Frau Hermann. „Nein, die Straße hat ihren Namen von der Kapelle zum Heiligen Geist, die in der Nähe des Ulrichstors stand. -
So, und nun setzten wir unseren Spaziergang durch die Stadt fort."
In Gedanken spaziert sie durch die Stadt, dachte Hallelore. Hat sie noch nie gehört, wie gesund frische Luft ist?
Frau Hermann war mittlerweile auf dem Universitätsplatz angekommen. Vor dem Haus, das nach Thomasius benannt wurde, blieb sie stehen und sagte: „Der Mann hat sehr viel für Frauen und Mädchen getan. Sie wurden früher oft beschuldigt, Hexen zu sein. Zum Beispiel, weil sie rote Haare hatten, oder Wunden mit selbst hergestellten Salben heilten, oder durch ihre besondere Schönheit den Neid und die Eifersucht der Nachbarinnen erweckten. Meist wurden die angeblichen Hexen auf dem Scheiterhaufen verbrannt."

Christian Thomasius (1655-1728) gilt als der Begründer der Universität. Als erster hielt er eine Vorlesung in deutscher Sprache. Er kämpfte gegen Hexenverfolgung und forderte, die Folter als 'Beweismittel' abzuschaffen. 1690 sollte er in Leipzig verhaftet werden, konnte aber rechtzeitig fliehen.

12. Frage: *Was steht mit goldener Schrift über dem ehemaligen Juragebäude auf dem Campus?*

„Frau Hermann, Frau Hermann", meldete sich Juliane.
„Ich war zum Kinderfest, als die Universität Geburtstag gefeiert hat."
„Wie alt ist sie denn geworden?"
„Uralt!" Juliane überlegte. „Ich glaube 50 Jahre."
Die Lehrerin schmunzelte. „Da wirst du wohl eine Null dranhängen müssen."

13. Frage: *Wie alt ist die Universität im Jahr 2002 geworden?*

„Laufen wir jetzt auf die andere Straßenseite, Frau Hermann? Ich weiß nämlich, was da oben auf dem Berg steht." Kathleen schnipste aufgeregt mit ihren Fingern. „Das Opernhaus!"
„Puhh, Opern, da halt ich mir die Ohren zu", stöhnte Fabian.
„Aber nicht beim Nussknacker. Das ist nämlich ein Ballett. Ich hab's mit meinen Eltern dort gesehen", erzählte Kathleen stolz.
Nun redeten fast alle Kinder gleichzeitig.
„Frau Hermann, ich habe auch ein Ballett gesehen, das war aber im Steintor-Varietee zu Weihnachten mit Herrn Fuchs und Frau Elster."
„Ha, das ist doch für Babys!"
„Jetzt gebt endlich Ruhe!", unterbrach Frau Hermann den Redeschwall. „Ihr habt's ja wirklich eilig. Eben noch am Opernhaus und nun schon am **Steintor**. Aber danke, Luise, das ist ein gutes Stichwort. So hieß nämlich das zweite Tor. Hier ging in die Stadt, wer aus nordöstlicher Richtung kam. Das dritte Tor befand sich nicht weit davon, am Ende des Hanserings. Es hieß **Galgtor** und besaß einen Wachturm, der als einziger heute noch zu besichtigen ist. Wer weiß, wie er heißt?"
Viele Hände gingen in die Höhe.
Fabian durfte den Namen, **Leipziger Turm**, nennen und auf der Karte den Standort zeigen.
„Dieser Turm befand sich an der zugänglichsten und damit gefährlichsten Stelle der Stadt, an der wichtigen Heer- und Handelsstraße nach Leipzig", erzählte Frau Hermann weiter. „Er ist über 30 Meter hoch. Man konnte von oben bis zum Galgen auf den heutigen Riebeckplatz sehen und Alarm geben, wenn Feinde anrückten. Seine Mauern sind fast drei Meter stark."
„Oh", staunte Kristin, und sagte zu ihrer Nachbarin: „So breit wie mein Kinderzimmer."
Fabian stand immer noch an der Karte. „Das viele Grün oberhalb vom Hansering, das ist der Stadtpark und der Stadt...gottes...acker", buchstabierte er langsam. Stolz ergänzte er: „Im Stadtpark treffe ich mich mit meinen Freunden zum Skaten."

14. Frage: *Wer liegt auf dem Stadtgottesacker begraben, von dem in diesem Buch die Rede war?*

Frau Hermann verteilte Blätter mit den Umrissen der alten Stadtmauer. „Tragt alle wichtigen Orte ein, an denen wir heute vorbeigekommen sind. Ich habe sie noch einmal angeschrieben." Sie klappte die Tafelflügel auf.
Hallelore stöhnte leise. Nahm denn dieser Gedankenspaziergang gar kein Ende?
Sie war beinahe eingenickt, als eine schrille Klingel ertönte. „Langsam, Kinder, langsam!", rief die Lehrerin, aber die Schüler schienen sie nicht mehr zu hören. Sie polterten die Treppen hinunter, bis allmählich ihre Stimmen leiser wurden und Ruhe einkehrte. Vorsichtig öffnete Hallelore die Schranktür einen Spalt, kletterte hinaus, dehnte und reckte sich. Nein, noch so eine Stunde - nie und nimmer. Also, nichts wie weg.

Auf dem Schulhof unterhielten sich Kinder in Gruppen, andere spielten oder aßen ihr Pausenbrot. Auf die kleine Nixe achtete keiner. Sie lief ein bisschen hin und her und blieb schließlich vor dem Denkmal von August Hermann Francke stehen.
Plötzlich zuckten die Finger ihrer rechten Hand. Sollte sie ...? Gefährlich wie der Riese sahen die beiden Kinder auf dem Sockel nicht aus. Bestimmt wären die dankbar, wenn sie sich endlich wieder bewegen könnten. Zwei dankbare Freunde ...
Hallelore gab sich einen Ruck und berührte erst das Mädchen, dann den Jungen vorsichtig mit ihrer Hand. Sie sprangen herunter, blinzelten ein wenig in die Sonne und blieben unschlüssig vor Hallelore stehen. „Und Vater Francke?", fragte das Mädchen. Sie zeigte zu dem Mann auf dem Sockel, „machst du den auch lebendig?"
Hallelore schüttelte entschieden mit dem Kopf. „Das packe ich nicht, der steht zu fest", schwindelte sie.
„Probiere es wenigstens", bat nun auch der Junge.
Aber was Hallelore nicht wollte, wollte sie nicht. Der Mann passte einfach nicht in ihre Geschichte. „Ich heiße übrigens Hallelore", versuchte sie abzulenken und streckte den Kindern ihre Hand entgegen. - „Clara", und „Hermann" stellten die beiden sich ebenfalls vor und blickten die kleine Nixe schüchtern an.
Hermann?, wunderte sich Hallelore. So heißt doch die Lehrerin. Und laut sagte sie: „Hermann! Wieso Hermann? Du bist doch keine Frau!"
„Und Hallelore, so heißt kein Mädchen!", behauptete Hermann beleidigt.
Die kleine Nixe wechselte schnell das Thema. „Standet ihr schon lange dort oben?"
„Ich weiß nicht genau", antwortete Hermann. „Ungefähr zweihundert Jahre. Wir waren Waisenkinder, besaßen weder Vater noch Mutter. Vater Francke", das Mädchen zeigte auf den Mann, der nun allein auf dem Denkmalsockel stand, „hat uns zu sich genommen. Und noch viele andere Kinder. Sonst wären wir verhungert. Vater Francke hat uns auch immer genau gesagt, was wir machen dürfen und was nicht."

15. Frage: *Wann wurde das Francke-Denkmal errichtet?*

Jetzt sage ich's euch!“ Hallelore hob die Stimme. „Ihr dürft heute mit mir gehen und mir erzählen, wie es früher hier aussah und von dem Vater Francke, und ihr dürft, wann immer ihr wollt, zurück zu eurem Vater Francke.“

Clara und Hermann folgten der kleinen Nixe nur sehr zögernd. Immer wieder blickten sie ängstlich zurück zu ihrem 'Vater Francke' und überlegten, was der wohl zu dem Ausflug sagen würde. Aber der zeigte mit seiner rechten Hand in den Himmel. Gott hat mir geholfen, sollte das bedeuten. Im Lindenhof verloren die beiden allmählich ihre Scheu.

„Dort war unser Speisesaal“, erzählte Hermann. „Satt sind wir immer geworden und sonntags gab's Pflaumenschmalz oder Appelmussuppe.“ Hermann leckte mit der Zunge über die Lippe.

Clara erzählte weiter: „Vater Francke hat uns nicht nur zu essen gegeben. Wir mussten auch lernen. Zuerst in seiner eigenen Wohnung, neben der St. Georgenkirche. Drei Jahre später hatte er schon über hundert Kinder.“

Hallelore guckte empört.

„Natürlich nicht seine eigenen!“ Hermann lachte. „Alles Waisen ... Und er hat dieses schöne Haus für uns bauen lassen.“ Sie standen inzwischen vor dem Hauptgebäude. „Viele Menschen haben ihn deshalb beschimpft. Er würde im Schuldenturm enden. Wozu Waisen und Arme so einen Palast brauchen?“

Clara zeigte zum Giebel und las vor, was dort in goldener Schrift stand. *„Die auf den Herrn harren, kriegen neue Kraft, dass sie auffahren mit Flügeln wie Adler.“*

Fliegen wie ein Adler? Hallelore konnte sich das nicht vorstellen. Flossen wären mir lieber, dachte sie. Aber Clara und Hermann glaubten fest daran, weshalb sie auf weitere Fragen verzichtete.

Sie stiegen die Treppen hinauf und staunten über die Veränderungen.

Besonders lang hielten sie sich in der Wunderkammer auf. Ein Straußenei, den Zahn eines Flusspferdes, ein ausgestopftes Krokodil, die Rippe eines Wales ..., das alles hatte Francke von seinen Reisen mitgebracht, sich schicken lassen oder geschenkt bekommen.

„Weißt du noch, Hermann, auch unseren gestorbenen Hund ließ Vater Francke ausstopfen, und dann brachte er ihn mit in den Unterricht.“

Hallelore runzelte die Stirn. „Ich hätte dagegen protestiert, dass so ein armer Hund nicht seine ewige Ruhe findet“, sagte sie empört.

„Protestiert? Gegen unseren Waisenvater?“, fragten Clara und Hermann wie aus einem Munde. „Wir mussten immer tun, was er sagte, und wer nicht folgsam war, musste Holz sägen oder Hirse stampfen, Zeitungen austragen oder Wolle reißen, stricken oder spinnen. Arbeit gab's mehr als genug. Aber wir haben unseren Lehrer trotzdem geliebt.“

Hallelore verkniff sich von nun an weitere Bemerkungen über den Vater.

Sie stiegen bis zum Dach und traten auf den Balkon hinaus. Lange Zeit wussten die beiden Kinder vor Überraschung kein Wort zu sagen. Das kleine Mädchen hielt sich ängstlich bei Hallelore fest. „Mir ist schwindlig. Die riesigen Häuser, was sind das für Wagen, die ohne Pferde und Kutscher dahinrasen?“ Nur die Türme der Kirchen erkannten sie noch, und Hermann sagte nachdenklich: „Die bleiben wohl ewig stehen.“
„Lasst uns wieder hinuntergehen“, bat Clara.
„Zur Saale“, sagte Hallelore, „die fließt vielleicht auch noch so wie vor zweihundert Jahren.“
Auf dem Francke-Platz wünschte sich Clara versteinert zu sein. Sie schloss die Augen und hielt sich die Ohren zu. Die kleine Nixe zog sie einfach hinter sich her. Wie die Ampeln den Verkehr regelten, gefiel ihnen, und Hermann behauptete stur, dass die bestimmt Vater Francke erfunden hätte.

16. Frage: *Wessen Geburtshaus stand gegenüber der Elisabethkirche?*
Eine Gedenktafel erinnert an ihn.

Vom **Moritzzwinger** bogen sie bald in **Brunos Warte** ein. Keine Autos, keine Straßenbahnen, Clara atmete erleichtert auf. „Zu unserer Zeit standen hier hohe Mauern vor großen Ritterhöfen“, erinnerte sich Hermann und fand, dass es heute schöner aussieht.

17. Frage: *Welche Berufe üben die Handwerker aus, die auf dem Brunnen in Brunos Warte dargestellt sind?*

„Laufen wir zum Hallmarkt“, schlug er vor. „Zu den Solebrunnen und den Hütten der **Halloren**.“
„Halloren? Sind das auch Hallenser?“
Clara nickte. „Aber gesehen habe ich heute noch keinen“, meinte sie.
„Kannst du auch nicht, wenn du die Augen geschlossen hast“, lachte Hermann. Und zu Hallelore sagte er: „Sie tragen einen dreieckigen Hut auf dem Kopf, Kniehosen, weiße Strümpfe und Röcke mit geblümter Weste. Jeder der 18 silbernen Knöpfe daran hat einen eigenen Namen. Die Halloren waren Salzsieder. Salz hat unsere Stadt reich gemacht. Und einem Schweinehirten haben wir das zu verdanken.“
„Erzählt mir davon“, bat Hallelore.
Hermann nickte. „Aber erst auf dem Hallmarkt.“
Dort sah man seinem Gesicht die Enttäuschung an. „Wird heute kein Salz mehr aus der Erde gezogen?“, fragte er. „Fast hundert **Kote** standen hier. Das waren kleine, fensterlose Hütten aus Lehm oder Holz, ohne Schornstein. Kannst du dir vorstellen, Hallelore, wie die Menschen in der stickigen Luft gehustet haben?
Aber um die Weihnachtszeit, da wurden Leuchter aus Weidenzweigen geflochten und mit der Sole bespritzt. Wenn man die Kerzen anzündete, glitzerten die Salzkristalle wunderschön.“

„Wie wurde denn das Salz aus der Erde geholt?“, fragte Hallelore.
„Die Arbeit war aufgeteilt. **Bornknechte** zogen die Sole aus Brunnen in Eimern über eine Seiltrommel und trugen sie in hölzernen Bottichen auf schmalen Stegen in die Siedehütten. Dort füllten die **Halloren** die Sole in eiserne, vorgeheizte Pfannen. Sie arbeiteten rußgeschwärzt mit nacktem Oberkörper. An der Oberfläche der Sole bildeten sich die Salzkristalle. Sie wurden abgeschöpft, getrocknet, in spitze Weidenkörbe gefüllt und auf die Wagen der Kaufleute getragen. Diese Wagen ...“
„Erzähl lieber von dem Schweinehirten“, unterbrach ihn Hallelore ungeduldig.
Hermann runzelte die Stirn, aber als auch Clara bat, begann er:

Vor über tausend Jahren an einem heißen Sommertag hütete auf diesem morastigen Gelände ein Schweinehirt seine Herde. Abends, als die Sonne im Westen unterging, und der Hirt seine Herde zusammentrieb, sah er bei einigen seiner Tiere die schwarzen Borsten an den Spitzen weiß gefärbt. Vorsichtig nahm er die kleinen Kristalle zwischen seine Finger und leckte neugierig daran. “Salz!“, rief er verblüfft und schnell breitete sich die frohe Kunde aus. Bereits am folgenden Tag begannen die Bewohner der Siedlung zu graben, und bald sprudelte ihnen das salzhaltige Wasser, die Sole, an zahlreichen Stellen entgegen.

Die kleine Nixe hatte aufmerksam zugehört. „Jetzt weiß ich auch“, meinte sie, „warum die Menschen in Halle so oft *Schwein gehabt* sagen.“
Clara wusste, wie's weiter gegangen war nachdem sie *Schwein gehabt* hatten.

Wie die Stadt Halle gegründet wurde

Eines Abends saßen die Halloren wie immer nach getaner Arbeit vor ihren Koten und erzählten. Sie hatten gehört, dass Kaiser Karl mit seinem Heer in der Nähe sei, und ein mutiger Mann sagte: „Wenn er bei uns vorbeizieht, werde ich ihn fragen, ob wir um unsere Häuser eine Mauer mit Türmen bauen und so eine Stadt gründen können.“ Das tat er wirklich. Der Kaiser betrachtete die Leute in ihrer armseligen Kleidung und fragte, woher sie das Geld nehmen wollten.
„Han mer hüte water und holt, so han mer morne silber und gold“, antworteten sie.
„Das ist gut“, sagte der Kaiser lachend. „Errichtet eure Stadt mit Wasser und Holz, und Mond und Sterne leuchten euch dabei.“
Die Halloren fingen sogleich an zu bauen. Auch nachts arbeiteten sie, und Licht spendeten Mond und Sterne. Aus Dankbarkeit nahmen sie diese in ihr Wappen mit auf.

„Euer Wappen habe ich schon längst entdeckt“, sagte die kleine Nixe. „Auf einem Kanaldeckel und an alten Fensterläden.“

Die drei Kinder liefen über den Platz zu dem großen Brunnen und betrachteten die Figuren. „Hier sind sie doch wieder, die Halloren und auch das Wappen und das Schwein ...“ Hallelore stutzte. „Eine Nixe, warum eine Nixe? Und wer ist der Mann gegenüber? Er scheint sie zu rufen.“
„Das ist ein Schäfer“, erwiderte Clara, „eine traurige Geschichte.“
„Ich will sie trotzdem hören“, bat Hallelore.

Sie soll sich im Osten der Stadt, in Trotha, vor vielen Jahren zugetragen haben. Ein Schäfer weidete dort seine Herde. Nach getaner Arbeit setzte er sich auf einen Felsen und spielte Flöte. Eines Abends beobachtete er mit großem Entzücken, dass auf der anderen Seite der Saale Nixen zu seinen Klängen tanzten. Als die Glocke am Kirchturm das elfte Mal schlug, verschwanden sie im Fluss.
Jeden Abend gelang es ihm nun, die Nixen durch sein Musizieren hervorzulocken. Um ihnen noch länger zuzusehen, unterbrach er eines Nachts sein Spiel, rannte zur Kirchturmuhr und stellte sie eine Stunde zurück. Als er wieder auf seiner Flöte blies, kamen die Nixen erneut und tanzten bis zum falschen elften Glockenschlag. Sie verschwanden im Wasser, und der Schäfer hörte aus der Tiefe ihr lautes Klagen und Jammern. Er machte sich große Vorwürfe und schlief in der Nacht sehr unruhig. Am Morgen fand er die Saale an dieser Stelle rot vor Blut. Voller Ungeduld und Unruhe wartete er auf den Abend. Die Nixen blieben jedoch verschollen, so inbrünstig er auch auf seiner Flöte blies. Traurig legte sich der Schäfer zu Bett und wachte nicht wieder auf. Seitdem soll einem Menschen, der eine Nixe weinen hört, das Herz zerspringen.

„Du hast mich wirklich beinah zum Weinen gebracht.“ Hallelores Mundwinkel zuckten, und sie rieb sich verschämt eine Träne aus dem Augenwinkel.
„Es ist doch nur eine Sage“, beruhigte sie Clara.
Die kleine Nixe hatte mit Sagen ihre eigenen Erfahrungen. Am liebsten hätte sie mit ihrer magischen Hand auch den Schäfer und die Nixe zum Leben erweckt. Aber was müsste sie dann wieder alles erklären. Also nahm sie sich wenigstens vor, nicht zu weinen. Und ihren Eltern musste sie auch bald davon erzählen, besonders ihrer Mutter, die stets klagte und jammerte. Womöglich hatte sie der dicke Karpfen längst verlassen ... Daran wagte Hallelore gar nicht zu denken.
„Wisst ihr, wo die Saale fließt?“ Clara schüttelte den Kopf. Sie hatte die Orientierung verloren. Hermann zeigte auf den Hallorenring. „Hier verlief ein Saalearm und dahinter lag eine Insel. Der Strohhof. Erinnerst du dich, Clara? Dort trockneten die **Gerber** Tierfelle und die Salzsieder ihr Brennmaterial. Auch die Asche lud man ab und führte weiter hinten das Vieh zur Tränke.“

Aufgabe: *Schau auf dem Stadtplan nach, wo sich die Gerber- und die Bornknechtstraße befinden!*

Siehst du", sagte Clara, „nichts ist mehr wie damals, selbst die Saale fließt anders. Ich will zurück! So weit bin ich noch nie aus der Stadt hinaus gelaufen."
„Bis zur Saale noch", bettelte Hallelore. „Dann kehren wir um."
Sie suchte vergeblich nach ihrem Stadtplan. Der war bestimmt noch im Schrank in der Schule.
„Entschuldigung", sprach sie eine Frau an, die ebenfalls den Brunnen betrachtete, „wie kommen wir auf dem kürzesten Weg zur Saale?"
„Zur Saale?" Die Frau musterte die drei merkwürdigen Gestalten höchst verwundert.
„Baden", antwortete Hermann.
„In der Saale? Könnt ihr überhaupt schon schwimmen?"
Hallelore nickte nur. Fragen stellten die Menschen!
„Wir müssen am Ufer was für die Schule erkunden."
„Für die Schule! Aha, das ist gut! - Dort", die Frau zeigte zu der Ampel, mit deren Hilfe man gefahrlos über den **Hallorenring** in die **Kellnerstraße** gelangen konnte. „Dann geradeaus an dem gläsernen **Gebäude des Mitteldeutschen Rundfunks** und der **Konzerthalle** vorbei, über die kleine **Hallorenbrücke** und die **Schwemme**, links in die **Mansfelder Straße**. Von der **Schieferbrücke** könnt ihr hineinspucken, aber nicht springen!", warnte sie lächelnd.
„So weit", stöhnte Clara.
„Das ist nicht weit", meinte die Frau. „Höchstens fünf Minuten."
Vor der Konzerthalle blieb Hallelore stehen. Zu gern hätte sie einem Konzert gelauscht. Musik, ob nun von des Schäfers Flöte oder einem großen Orchester, ist schließlich fast das Schönste für Nixenohren.
Aber Clara zog sie weiter. Endlich standen sie am Ufer der Saale. „Ich gehe keinen Schritt mehr!", erklärte Clara dort und spuckte ärgerlich ins Wasser. Auch Hermann taten die Beine jämmerlich weh. Kein Wunder, hatten sich doch beide Kinder jahrelang nicht bewegt.
Hallelore bekam beim Anblick des Wassers große Sehnsucht. Plötzlich erklang aus dem Fluss immer deutlicher und lauter der Ruf „Hallelore, Hallelore!"
Clara und Hermann standen starr vor Schreck wie auf dem Denkmal.
Die kleine Nixe vor Verblüffung ebenfalls, bis ein junger Mann, der eine Fotokamera über der Schulter trug, entgeistert auf ihre Wegbegleiter zeigte und verwundert fragte: „Seit wann stehen die denn hier? Die gehören doch aufs Francke-Denkmal!"
Hallelore zog sich, statt zu antworten aus und sprang kopfüber in die Saale.
Der Reporter war so verdutzt, dass er seine Kamera zu spät zückte, was er danach noch wochenlang bereute. Aber Clara und Hermann fotografierte er, und am nächsten Tag konnte man das Bild in der Mitteldeutschen Zeitung sehen und darunter lesen: Unbekannte haben die Kindergruppe vom Denkmal A. H. Franckes gestohlen.
Der Frau, die behauptete, die beiden quicklebendig am Hallmarkt gesehen zu haben, glaubte niemand. Woran man wieder einmal sehen kann, wie ungläubig die Menschen sind.

Von der Schieferbrücke bis zur Röpziger Brücke nach Beesen - mit Schiff und Wassergeistern

Viel Wasser war inzwischen die Saale hinuntergeflossen, seitdem die kleine Nixe von der Schieferbrücke gesprungen war. Tatsächlich, der Nix hatte sie gerufen. Er fühlte sich einsam, ohne Frau und Kind und hatte sich vorgenommen, über fehlenden Schwanz und magische Hand bei seinem Kind großzügig hinwegzusehen. Am Giebichenstein hatte seine Frau nur Augen für ihren fetten Karpfen. Das erzählte er Hallelore eifersüchtig als erstes, und deren Sorge, dass ihre Mutter irgendwann weinen würde, schien vorerst unbegründet. Am Ufer der Salinehalbinsel hinter dem Schwimmbad kannte der Nix ein sicheres Versteck. Dort machten sie es sich gemütlich, und Hallelore berichtete von ihren Erlebnissen. Immer wieder fiel ihr etwas Neues ein, und am liebsten hätte sie ihrem Vater alles gezeigt.

„Genug", sagte er schließlich. „Dreimal in der Woche fährt das Schiff *Peißnitz* hier stromaufwärts, Richtung Süden. Dort gibt es Schutzgebiete. Menschen dürfen die Wege nicht verlassen, und Tiere können leben, wie sie es gewohnt sind. Ich habe mich mit einem Graureiher angefreundet." Sein Bericht wurde durch lautes Tuten unterbrochen. „Es ist so weit, mein Kind", sagte der Nix aufgeregt. „Kommst du mit?"

Hallelore nickte, und als das Schiff fast schuppennah an ihnen vorbeifuhr, hängten sie sich an ein dickes Seil und ließen sich ziehen.

Nachdem sie drei dicht hintereinanderliegende Brücken passiert hatten, steuerte das Schiff in einen großen steinernen Kasten. Rechts und links blieb noch nicht mal so viel Platz, dass sich Hallelore hätte hindurchzwängen können. Dann schloss sich wie von Geisterhand die eiserne Tür. Vater Nix beruhigte seine zitternde Tochter. „Keine Angst, wir befinden uns in einer Schleuse und nicht in einem Gefängnis. Du musst dich nur gut festhalten, so passiert dir nichts."

Durch Öffnungen im vorderen Tor strömte Wasser in das Becken. Langsam stieg die *Peißnitz* samt Vater Nix und seiner Tochter nach oben. Als am Ausgang der Schleuse die grüne Ampel aufleuchtete, war die *Wasserstufe* überwunden, das Vordertor öffnete sich, und das Schiff fuhr hinaus.

Draußen sah der Fluss nicht anders aus als vorher. „Nur ungefähr ein Meter höher fahren wir jetzt", sagte der alte Nix und war berechtigt stolz auf sein Wissen.

Eine Kindergruppe auf dem Oberdeck hatte die Schleusendurchfahrt auch sehr interessiert verfolgt. „Wenn ich groß bin", rief ein Junge lautstark, „werde ich Schleusenwärter, da braucht man nur auf einen Knopf zu drücken, wenn ein Boot in Sicht ist."

„Ein bisschen mehr gehört schon dazu, Maik", meinte seine Lehrerin schmunzelnd.

„Ein Krokodil!", schrie ein Mädchen plötzlich aufgeregt. „Da vorn schwimmt ein Krokodil."

Vater Nix zog Hallelore unter Wasser und gab ihr Zeichen schneller zu schwimmen.

„Wie dumm die Menschen sind, können nicht mal Nixen von Krokodilen unterscheiden!"

„Verarschen kann ich mich selbst, Nicole“, sagte Maik abfällig und fasste sich an die Stirn. „Krokodile! In der Saale!“
Der Kapitän der *Peißnitz* begann zu erklären, was rechts und links des Flusses zu sehen war. „Dort vorn die **Genzmerbrücke** und gleich dahinter auf der linken Seite die alte, heute leider sehr verfallene **Brauerei**.“

Frage 18: *Wann wurde die Brauerei erbaut und wann umgebaut?*
Die zwei Jahreszahlen sind am Gebäude noch zu erkennen.

Nach einer Weile schallte die Stimme des Kapitäns erneut aus dem Lautsprecher. „Wir fahren nun an den **Weingärten** entlang. Die Bootshäuser werden wieder genutzt, weil die Saale jetzt, na ja, einigermaßen sauber ist. Früher fror sie sogar zu und man konnte dort Stuhlschlitten ausleihen. Aber Badeanstalten wie bis 1940 gibt es noch nicht. Dafür viele Fische und...und...und...“

Der alte Nix hatte sich an die Wasseroberfläche gestemmt und wedelte grüßend mit der Schwanzflosse. Daraufhin trieb die *Peißnitz* ein paar Minuten steuerlos aufs Ufer zu.
Erst unter der **Hafenbahnbrücke** kam sie wieder auf Kurs, schwamm am Turm der alten **Böllberger Mühle** vorbei und erreichte die Höhe des Naturschutzgebietes der **Rabeninsel**.

Vor 700 Jahren wurde die **Rabeninsel** das erste Mal erwähnt. Damals gehörte sie zum reichen Kloster Neuwerk. Ein Promenadenweg wurde jedoch erst vor 160 Jahren angelegt. Eigentlich müsste die Insel Kräheninsel heißen. Im Jahre 1885 schoss ein Jäger von Mai bis September mit 5000 Schuss 4152 Krähen ab. Heute leben dort seltene Vogelarten: Pirole, Nachtigallen und Waldohreulen.

Ein **Naturschutzgebiet** genießt als weitgehend unberührte Landschaft besonderen rechtlichen Schutz. Ein **Landschaftsschutzgebiet** ist ähnlich dem Naturschutzgebiet gesetzlich geschützt. Hier ist jedoch eine wirtschaftliche Nutzung möglich.

Nachdem das Schiff erneut durch eine Schleuse gefahren war, hatte auch der Kapitän seine Sprache wiedergefunden. „Am linken Ufer sehen Sie gleich das Ruderhaus. Hier auf der Saale trainieren sogar Weltmeister und Olympiasieger“, sagte er bedeutungsvoll.
„Ein Biber!“, rief Nicole aufgeregt und zeigte auf einen Schnauzbart, der neben dem Schiff gelassen seine Bahn zog.
„Biber sind größer. Das ist ein Nutria“, verbesserte die Lehrerin.

Die *Peißnitz* fuhr unter der neuen Brücke hindurch, die Rabeninsel mit der Südstadt verbindet. Die Kinder winkten den Spaziergängern, Joggern und Radfahrern zu.
Bereits hinter dem Wehr, als links aus dem Grün der Büsche und Bäume die Spitze der Wörmlitzer Kirche auftauchte, wurde die Gegend einsamer, die Saale breiter und nur vereinzelt erblickte man einen Menschen. Dafür kreiste ein Bussardpärchen über dem Boot, und der alte Nix entdeckte seinen Freund, den Reiher, der starr und grau wie ein vertrockneter Ast am Ufer stand.
„Er wird uns folgen", sagte der Nix, „ach, wenn wir doch fliegen könnten ..."
Der Kapitän meldete sich wieder. „Ich möchte die Leute auf dem Oberdeck bitten, sich hinzusetzen. Wir passieren gleich die Kasslerbahnbrücke, auf der die S-Bahn von Trotha nach Neustadt und zurück fährt. Die *Peißnitz* ist das einzige Schiff unserer Reederei, das hier hindurchpasst. Es wird die letzte Brücke vor unserem Ziel in Röpzig sein."
Selbst die Kinder verstummten als der Motor aufheulte, das Schiff zurücksetzte, die Richtung auspendelte, und dann ganz vorsichtig unter einem der zehn Brückenbogen hindurchfuhr. Wie zur Freude hupte der Kapitän, als das Manöver geschafft war, und am Deck wurde es wieder laut.
„Frau Färber, steigen wir in Röpzig aus?", fragte ein Mädchen die Lehrerin.
„Nein, wir fahren gleich wieder zurück. Dort ist eh nichts los, da liegt der Hund begraben."
Der Hund begraben? Hatte Hallelore richtig gehört? Am Roten Turm war schon einmal von einem eingemauerten Hund die Rede gewesen. Sie wollte zu keinem toten Hund! Überhaupt fand sie die Fahrt jetzt langweilig. Nur Wiesen und Kornfelder gab es zu sehen, ein paar Hügel, die der Kapitän als **Kirschberge** bezeichnete und natürlich Wasser, das zunehmend sauberer wurde.
„Es ist langweilig", beschwerte sie sich bei ihrem Vater. „Ich habe keine Lust mehr!"
„Du bist ein unerzogenes Kind", schimpfte Vater Nix. „Sei froh, dass du gefahren wirst. Wir sind bald da."
„Aber dort ist nichts los, hat die Lehrerin gesagt", jammerte die kleine Nixe.
„Pah, die Lehrerin hat ja keine Ahnung", behauptete der alte Nix.
„Wir müssen nur die **Weiße Elster** ein Stück stromaufwärts schwimmen, am **Wasserwerk Beesen** und dem **Schwimmbad Maya Mare** vorbei bis zur **Schafbrücke**. Auf Schautafeln kannst du dort lesen, wie die Menschen ihr Trinkwasser gewinnen. Aber bitte, mein Kind, wenn es dich nicht interessiert, kehren wir wieder um."
Da hatte er die neugierige Hallelore jedoch an ihrer Ehre gepackt.

Früher blieb den Menschen nur das verschmutzte Saalewasser zu nutzen. Viele erkrankten an Cholera und Typhus. Nach zwei schweren Epidemien wurde 1868 in Beesen eine einfache Pumpstation errichtet und in den folgenden Jahrzehnten ständig erweitert.

Das neue **Wasserwerk** wurde 1993 in Betrieb genommen und beliefert die Stadt Halle sowie große Teile des Saalkreises mit einwandfreiem Trinkwasser.

Und dann wurde es noch einmal spannend. „Hinten links seht ihr die Hochhäuser der **Silberhöhe**“, sagte die Lehrerin. „Wer will hören, wie dieses Neubaugebiet zu seinem Namen kam?“ Im Nu umringten sie die Schüler.

Der Schatz von der Silberhöhe

Im Dreißigjährigen Krieg vergrub ein Amtmann des Rittergutes Beesen seinen Silberschatz auf einem nahe gelegenen Hügel, um ihn vor plündernden Soldaten zu schützen. Bevor der Friede eingezogen war, verstarb er und nahm sein Geheimnis mit ins Grab.
Unweit des Hügels befand sich ein Sumpf, aus dem beständig Gase stiegen. In warmen Nächten entzündeten sie sich, und die silbernen Lichter lockten die Schatzgräber an. Aber im Sumpf kamen sie alle elendig um. Bis auf den heutigen Tag wurde kein Silber gefunden, aber dafür ein Name für dieses Gebiet.

„Frau Färber, Frau Färber! Zwei Riesenfische, schnell...“
Mehrere Kinder hatten gerufen, und auch die Lehrerin sah die Wellen und unter dem Wasser etwas Großes dahingleiten.
„Das war bestimmt ein Hecht“, behauptete ein Mädchen, „mein Papa hat schon einen in der Saale gefangen!“
„Oder der Nix von Beesen“, sagte ein anderes Mädchen geheimnisvoll.

Früher gab es in der Elster bei Beesen Goldsand, und beim Schlachten ihrer Gänse und Enten fanden die Bauern mitunter Goldkörner in den Mägen.
Als sich eines Tages ein Nix am Ufer sonnte, warfen Kinder mit Steinen nach ihm.
Der Nix schwor Rache und verwandelte das Gold in gelben Sand.

Hallelore und ihr Vater waren so schnell sie konnten davon geschwommen, und als sie sich noch einmal umdrehten, sahen sie das Schiff bereits in der Ferne wieder stromabwärts fahren. Bald ließen die Kräfte der kleinen Nixe nach, und sie dachte an die Kinder, die ja nun bestimmt nicht auf diesem Weg zu dem Lehrpfad gelangen konnten.

Der Trinkwasserlehrpfad ist entweder von der Straßenbahnendhaltestelle „Beesen“, der Bushaltestelle „Alte Heerstraße“ oder der Straßenbahnhaltestelle „Florian-Geyer-Platz“ in Ammendorf zu erreichen.

Der Fluss gabelte sich, und Vater Nix schwamm nach links die **Weiße Elster** entlang. „Von rechts kommt die Saale und in der Mitte fließt die **Gerwische**", erklärte er Hallelore. Die fürchtete sich ein wenig: kein Kinderlachen war mehr zu hören, keine Fahrradklingel, nur Vögel zwitscherten und Insekten summten.

In der **Saale-Elster-Aue** nisten seltene Vögel: Rot- und Schwarzmilan, Wespenbussard, Schlagschwirl, Eisvogel und Stieglitz.

Mitunter blieb die kleine Nixe an Schlingpflanzen hängen und musste Ästen und Treibholz ausweichen. Sie maulte und jammerte und wollte am Ufer weiterlaufen.
„Wir machen eine Pause", sagte Vater Nix verärgert, „und dann erzähle ich dir, was mit unartigen Jungnixen passiert."
Das wollte die kleine Nixe eigentlich gar nicht wissen, aber Pause hörte sich gut an. Sie setzten sich auf einen großen Stein an das Ufer, und der alte Nix begann: „Wassergeister soll es hier geben und die verhalten sich nur ruhig, wenn ihnen etwas geopfert wird."
„Doch nicht etwa Nixen!" Hallelores Augen weiteten sich entsetzt.

*„Eine **Sage** erzählt jedenfalls", sagte der alte Nix ungerührt, „dass vor knapp zweihundert Jahren, als weiter südlich in Beesen die Schafbrücke gebaut wurde, die Geister jede Nacht alles wieder einrissen. Um sie zu besänftigen, übergab eine Nonne den Bauleuten ihr Kind, und sie mauerten es in einer Brückennische ein.*
Die Nonne jedoch fand keine Ruhe und soll noch heute zu jeder Geisterstunde an der Brücke weinend zu sehen sein."

„Nein danke", sagte Hallelore, „nicht mit mir!"
Sie kroch schnell die Böschung hinauf und setzte ihren Weg zu Fuß fort.
„Hallelore, Hallelore!"
Die kleine Nixe reagierte nicht.

Ein schmaler Pfad verlief parallel am Fluss, und als die ersten Häuser und ein Kirchturm in Sicht waren, holte sie erleichtert Luft.

***Frage 19:** Zu welcher Kirche gehört der Turm, den Hallelore gesehen hat ?*

Doch schlagartig fiel ihr ein, dass sie wieder ein großes Problem hatte.
Ihr fehlte die Kleidung.
Der Pfad wurde breiter, schließlich eine Straße, die rechts zum Wasserwerk hin völlig unbelebt war. Hallelore rannte los und huschte unter der Schranke hindurch ins Werk. Doch der Pförtner hatte sie gesehen. Litt er schon an Wahnvorstellungen? Er stand auf und schaute Hallelore wie gebannt hinterher. Erst Sekunden später löste er den Alarm aus.
Der schrille Ton ließ Hallelores Schuppen vibrieren. Sie hastete durch das Gelände, kletterte über einen Zaun und lief keuchend querfeldein bis zu einem kleinen Turm. Hier drehte sie sich das erste Mal um. Zum Glück schien sie niemand verfolgt zu haben.
Das Schild mit der Aufschrift: *Unbefugtes Betreten ist verboten. Zuwiderhandlungen werden strafrechtlich verfolgt* ignorierte sie einfach. Ihre rechte Hand berührte die blaue Eingangstür. Diese öffnete sich auf wunderbare Weise, und Hallelore zog sie hastig hinter sich zu. Vorsichtig stieg sie die steinerne Wendeltreppe hinauf. Aus den Fenstern konnte sie weit in alle Richtungen des Saaletals sehen, auch den hohen Buna-Schornstein und die lange Rutsche im Schwimmbad. Ein aufregender Tag war das gewesen. Noch im Stehen fielen ihr die Augen zu.

Als sie wieder erwachte, schaute der Mond durch ein Fenster und im silbrigen Schein glänzte die Aue. Plötzlich sah noch einer herein: der Graureiher, mit einem Zettel im Schnabel. Aber nicht mit einem Gruß von der Mutter, sondern einer Entschuldigung vom Vater:
Keine Angst, die Wassergeister sind verschwunden. Ich warte an der Schafbrücke.
Mit einer Überraschung!
Wann?, wollte sie den Graureiher noch fragen, aber er flog so schnell davon, wie er gekommen war.
Im Morgengrauen hatte die Neugierde die Angst der kleinen Nixe besiegt und sie lief los. Irgendwann vernahm sie den Ruf *Hallelore*, dem sie nachging, bis sie die Brücke entdeckte und später Vater Nix unter einem Pfeiler. In seinen Händen hielt er...
„Flossen sind das, Hallelore“, rief er stolz.
„Damit schwimmen Menschen so schnell wie Fische.“
„Und ich schneller als du?“, fragte Hallelore, während sie die Flossen an ihre Füße zog. Bevor Vater Nix antworten konnte, war sie untergetaucht und tauchte in unserer Geschichte auch nicht wieder auf.

Nur so viel noch: Der fette Karpfen war an einem Angelhaken verendet, und der Schock schien Mutter Lore geheilt zu haben.
So stand einem glücklichen Familiennixenleben nichts mehr im Wege.

Straßennamen

Straßennamen können viel verraten; welche Menschen in ihnen lebten und wie es in ihrer Umgebung aussah. Manche Straßennamen haben sich seit über hundert Jahren nicht verändert.

Brauhausstraße
Anfang des 19. Jahrhunderts gab es hier mehrere Brauereien.

Geiststraße
Der Weg wurde nach der Kapelle zum Heiligen Geist benannt. Sie befand sich am nördlichen Ausgang der Straße.

Graseweg
Als im Jahr 1348 in Halle die Pest wütete, trat die Seuche im Graseweg zuerst auf. Deshalb wurde dieser Weg aus Angst vor Ansteckung zugemauert. Erst zehn Jahre später riss man die Mauern ab und fand nur noch die Skelette der Pestopfer. Alles war von Gras überwuchert.

Großer und Kleiner Berlin
Der Name ist slawischen Ursprungs und bedeutet umzäuntes Gebüsch oder Wildgatter.

Große und Kleine Klausstraße
Der uralte Handelsweg, nach St. Nikolaus benannt, (Kurzform Klaus) führte durch das Klaustor über die Klausbrücke und die Mansfelder Straße Richtung Westen.

Gütchenstraße
(Gütchen = neckische Kobolde) Die Gütchen sollen am nicht weit entfernten Teich gewohnt und manchen Schabernack ausgeheckt haben. Der Sage nach sind die Kinder, die in Halle geboren wurden, aus diesem Teich gekommen.

Hansering
Hanse hieß ein Bund deutscher Städte zur Wahrung gemeinsamer Handelsinteressen. Ihm schloss sich Halle Ende des 13. Jahrhunderts an. Hundert Jahre später gehörten dem Bund bereits 70 Städte an. Streitereien und Kriege zerstörten die Macht der Hanse, und Halle trat im Jahre 1479 aus. Nach Ende des Dreißigjährigen Krieges löste sich der Bund selbst auf. Hamburg und Bremen nennen sich heute noch Hansestädte.

Hallorenring
Der Ring führt am Hallmarkt vorbei, dort, wo die Kote der Halloren standen und aus den Brunnen die Sole gewonnen wurde.

Kühler Brunnen
So hieß das stattliche Haus, welches Hans von Schönitz für sich und seine Familie hier vor 500 Jahren bauen ließ. Es ist heute nur noch teilweise erhalten und zum Tag des Denkmals zu besichtigen. Der Bauherr, ehemaliger Berater und Freund des Kardinals Albrecht, endete im Alter von 35 Jahren am Galgen. Aus einer Freundschaft war Feindschaft geworden.

Kutschgasse
Sie befindet sich in der Nähe der alten Post, wo die Postkutschen bereitgestellt wurden.

Leipziger Straße
Die zum Tode Verurteilten wurden auf einem Karren diese Straße entlang zum Galgen am Roten Turm gebracht. Daher hieß sie ursprünglich Galgstraße. Später wurde sie in Leipziger Straße umbenannt, als eine der verkehrsreichsten mittelalterlichen Handelsstraßen, die in die benachbarte Stadt Leipzig führte. Bis in die sechziger Jahre fuhr durch diese enge, belebte Geschäftsstraße auch noch die Straßenbahn.

Lerchenfeldstraße
Der Name erinnert an das Lerchenfangen der Halloren. Die Vögel wurden als Delikatesse auf dem Markt oder zur Messe in Leipzig verkauft.

Märkerstraße
Die Straße wurde nach dem Geschlecht der Merkline (vermutlich Ableitung von Markwart = Grenzhüter) benannt. 1800 zählte sie zu den vier schönsten halleschen Straßen und wurde von vielen Gelehrten bewohnt.

Moritzburgring
Die Straße führt zwischen Jägerberg und Moritzburg nach Osten. Der Stadtring führt an der Moritzburg vorbei. Erzbischof Ernst ließ die Burg in den Jahren 1484-1503 errichten.

Moritzzwinger
Der ehemalige Stadtgraben verlief vom Moritztor bis zum Rannischen Tor.
1855 wurde er zugeschüttet.

Nikolaistraße
Der heilige Nikolaus war Schutzpatron der Fischer und halleschen Salzquellen.
Seit gut 1000 Jahren ist im deutschsprachigen Gebiet der Nikolaustag bekannt.
Am Vorabend legten die Kinder einen Würfel Zucker für den Schimmel in ihre Schuhe. Am nächsten Morgen fanden sie Süßigkeiten darin.
Die Straße trägt diesen Namen jedoch erst seit 1890.
Zuvor hieß sie Großer Schlamm.

Rannische Straße
Sie wurde nach dem Dorf Radewell benannt. Ihr Name änderte sich oft: Radewellsche, Rodewellsche, Rodelsche, Randische

Röderberg
Auf dem Berg befand sich die Hinrichtungsstätte des Amtes Giebichenstein. Ursprünglich wurde er Räderberg genannt.

Schmeerstraße
Im Mittelalter wohnten in dieser Straße Schmeerschneider und Fleischer. Es gab noch keine Hausnummern. Nach Tieren, Pflanzen, Geschichten, Kleidung oder Arbeitsgeräten benannte man die Häuser. Das Haus Nr. 2 hieß “Zum Goldenen Schlößchen”.

Spiegelstraße
Lustig wird es in dieser mittelalterlichen Straße zugegangen sein, wohnten doch hier die Stadtpfeifer und Spielleute. Ursprünglich hieß sie daher Spielstraße.

Trödel
Dicht beim Markt hatten sich Handelsleute angesiedelt, die ihren Trödelkram anboten, ähnlich unseren heutigen Flohmärkten.

Töpferplan
Töpfer stellten in der Nähe des Leipziger Turmes ihre Ware zum Trocknen auf.

Tuchrähmen
Auf dem Gebiet nahe der Saale standen Walkmühlen, in denen Tücher hergestellt wurden.

Ulrichstraße, Große und Kleine
Sie wurden nach Ulrich, dem Bischof von Augsburg (um 890 – 972), benannt.

Waisenhausring
Der Ring wurde nach dem Waisenhaus, das A. H. Francke 1695 südlich davon errichten ließ, benannt. Später kamen u.a. Bibliothek, Druckerei, Apotheke, Buchhandlung und Krankenhaus dazu. Die Stiftungen wurden eine kleine Schulstadt.

Weingärten
Fischer und Schiffer nutzten den fruchtbaren Boden der Saalehänge und bauten Wein an.

Aufgabe: *Suche auf dem Stadtplan weitere Straßen heraus, die nach Handwerksberufen benannt wurden!*

Halle von A (mtsgarten) bis Z (oo)

Amtsgarten
1718 legte Christoph von Lohse den Garten unterhalb der Burg Giebichenstein an. Christoph Ochs setzte sich sehr für die Gegend um Giebichenstein ein und ließ im Amtsgarten einen Springbrunnen errichten. Für seine Verdienste wurde ihm der Name Freiherr Ochs von Ochsenstein verliehen.

Denkmäler
In Halle gibt es viele Denkmäler. Es sind nicht nur Kirchen oder Plastiken von berühmten Menschen, auch alte Fachwerkhäuser, die Böllberger Mühle, der Bahnhof, die Hügelgräber bei Lettin oder der Ammendorfer Burgwall stehen unter Denkmalschutz. Denkmäler müssen in ihrem ursprünglichen Zustand erhalten bleiben. Achte bei deinen Spaziergängen auf das Zeichen.

Erzbischof
Ein Bischof (griech.Episkopos = Aufseher) ist in den katholischen Kirchen der oberste Würdenträger in einem Bistum. Er wird vom Papst ernannt. Ein Erzbischof steht mehreren Bistümern vor. 1116 gründete Adalgot das Augustinerkloster Neuwerk in Halle.
56 Jahre später schenkte Wichmann dem Kloster die Fährgerechtigkeit auf der Saale. Burchard erkannte im Jahre 1310 die Selbstverwaltung der Stadt an. 15 Jahre später fiel Halle wegen der Beteiligung an der Ermordung dieses Erzbischofs in Acht und Bann. Die mühevoll erkämpfte Selbstständigkeit der Stadt wurde durch Ernst von Wettin gebrochen. 1484 begann er mit dem Bau der Moritzburg. Die Geschütze waren drohend auf die Stadt gerichtet. Zehn Jahre nach Fertigstellung der Burg starb er, und Albrecht wurde sein Nachfolger. Während er regierte, kamen viele Gelehrte und Künstler an den Hof. Albrecht liebte aber große Feste und leistete sich auch Hofnarren. Seine Schulden wurden immer größer und im Jahr 1541 musste er die Stadt verlassen. Er ließ sogar die Nägel aus den Wänden ziehen und nahm alles bewegliche Gut mit. Der letzte erzbischöfliche Stadtherr, Herzog August von Sachsen, starb 1680. Er hatte in Halle eine Hofoper gegründet.

Fachwerk
Häuser, deren Skelette aus Holzbalken bestehen. Die Zwischenräume sind mit Ziegeln oder Lehm gefüllt.

Feuer
Im Mittelalter waren die meisten Häuser aus Holz gebaut. Deshalb kam es oft zu schweren Bränden wie in Halle in den Jahren 1136 und 1312. Am Kleinen Berlin wurden 1683 durch einen Brand 24 Häuser zerstört.

Gimritzer Damm

Im Jahre 1949 startete man hier das erste Rennen für Motorräder, Renn- und Sportwagen mit internationaler Beteiligung. Zwei Kehren und sechs Kurven wies die 5256 m lange Halle-Saale-Schleife auf. Schon am Abend vor der Veranstaltung begaben sich begeisterte Zuschauer zur Strecke, um sich einen guten Platz zu sichern. An der Haarnadelkurve (in der Nähe der Rennbahn) war das stärkste Gedränge. Ein großer Start- und Zielturm sowie Tribünen wurden aufgebaut. Das Rennen, vom Fernsehen übertragen, führte über den Weinberg an den heutigen Kliniken vorbei und die Heideallee entlang. Überall sicherte man die Strecke mit Strohballen. Die Bäume am Wegrand stellten eine zusätzliche Gefahrenquelle dar. Als die Sicherheitsvorschriften immer strenger wurden, fuhr man 1964 das letzte Rennen.

Halloren

Salzsieder oder Salzwirker. Außerdem sind sie Meister im Fahnen schwenken, hervorragende Schwimmer, Leichenträger, betrieben früher Fischfang und halfen beim Löschen von Feuerbränden.

Hallunken

Der Dichter Heinrich Heine soll einst die Bewohner der Saalestadt in "Hallenser, Halloren und Hallunken" eingeteilt haben. Das Wort Hallunke wird aus dem Tschechischen abgeleitet. Holomek heißt Bettler oder Strolch. Als Hallunke wurden auch Zugereiste bezeichnet.

Ische

heißt auf "hallesch" Mädchen. Alteingesessene Hallenser sprechen nicht hochdeutsch. Ob du die folgende Aufgabe verstehst?
Also Meiner/Meine, mach dier en Feez, tiejere los, pliere wo Kackschmus is und ilze, kneiste, lunse, nische èn Scheeksern odder Ischen uff de Gusche.

Jahnhöhle

Sie war die zeitweilige "Wohnung" von Friedrich Ludwig Jahn in den Klausbergen. Der spätere "Turnvater" wandte sich als Student gegen die "Studentenorden", die ihre Rechte mit Gewalt durchsetzen wollten, und versteckte sich hier 1798. Zehn Jahre später soll er noch einmal in der Höhle vor den Franzosen Zuflucht gesucht haben.

Klausberge

1416 bat ein frommer Bruder sein Leben als Klausner auf den einsamen, wild bewachsenen Bergen beschließen zu dürfen. Es entstand der Klausner-Orden, nach dem 1424 der Berg benannt wurde.
Klause: enger Raum, Zelle, Einsiedelei

Neustadt
Der Grundstein für den Stadtteil westlich der Saale auf den Passendorfer Wiesen wurde am 15.7.1964 gelegt. In Rekordzeit zog man Plattenbauten hoch und bereits nach zehn Jahren wohnten 70 000 Einwohner darin. Der kleine Ort Passendorf wurde fast völlig abgerissen, nur wenig blieb erhalten. Die alte Kirche, die einzige in Neustadt, und das Passendorfer Schlösschen, ehemaliges Gutshaus, sind letzte Zeugen einer romantischeren Zeit.
1967 erhielt Neustadt Stadtrecht. In einer Abstimmung am 6. Mai 1990 entschieden sich die Einwohner der Neustadt für einen Anschluss an Halle.

Ochsenbrücke
Die Mönche des Klosters Neuwerk führten früher ihre Tiere über diese Brücke.

Osterschnecken (Ein hallesches Originalrezept)
Aus 10 Eigelb und 125 g Zucker rührst du eine dickschaumige Masse, vermengst sie mit 5 Löffeln zerlassener Butter, gibst eine Tasse Milch und 500 g mit einem Backpulver vermischtes Mehl hinzu. Aus allen Zutaten knetest du einen elastischen Teig, schneidest größere Stücke ab und formst diese zu walzenartigen, etwa 45 cm langen Rollen. Du biegst diese in der Hälfte um und windest sie strickförmig umeinander, drückst sie dann etwas flach und erhältst auf diese Weise längliche Schnecken. Das obere umgebogene Teigende formst du so, dass nach dem Backen ein buntgefärbtes Osterei hineingelegt werden kann. Die Kuchen werden mit Eigelb bestrichen, mit etwas Zucker bestreut und bei mäßiger Hitze gebacken.

Peißnitz Die Insel wird von der Wilden Saale umschlossen.

Pfänner
Die Besitzer der Pfanne in einer Siedehütte nannte man Pfänner. Sie bestimmten im 15. Jahrhundert vorwiegend die Geschicke der Stadt und bildeten den „Alten Rat". 1478 kam es zum Aufstand der Zunfthandwerker gegen die Pfänner. Erzbischof Ernst nutzte die Streitigkeiten aus, und seine Truppen besetzten die Stadt. So wurde die Selbstständigkeit der Bürger zurückgedrängt.

Quellen
Den Salzquellen verdankt Halle in erster Linie seine Existenz und Bedeutung für das Mittelalter. Wahrscheinlich kämpften schon vor Beginn unserer Zeitrechnung Germanen, Slawen, später Thüringer, Sachsen und Franken um sie. Heute weiß man, dass die Bornknechte die Sole aus vier Brunnen holten: dem Gutjahr -, Meteritz - , Hackebornbrunnen sowie dem Deutschen Brunnen. 1519 war der Deutsche Brunnen 12 m tief. Aus einem Zentner Sole wurden 24 Pfund Salz gewonnen.

Riesenhaus
Große Brauhausstraße 16, ließ Postmeister Madeweis vor ca. 300 Jahren errichten.
Sogar ein Kaiser, ein König und ein Prinz übernachteten dort.

Rolandsäule
Überlebensgroße Standbilder eines Ritters mit Schwert, Symbol für städtische Freiheit und Gerichtsbarkeit

Saale
Halle liegt an der Saale. Der Fluss ist 427 km lang und entspringt am Großen Waldstein im Fichtelgebirge. Er fließt durch den Frankenwald, das östliche Thüringen, an Jena, Naumburg, Weißenfels und Merseburg vorbei und mündet südöstlich von Barby in die Elbe. Aufgehalten wird er unterwegs von der Bleiloch- und der Hohenwartetalsperre.

Vorfahren
Du kennst deine Großeltern, vielleicht noch deine Urgroßeltern. Aber wer wohnte vor mehr als tausend Jahren in der Umgebung von Halle? Bereits in der Eiszeit, 50 000 Jahre vor Christi, müssen Menschen hier gelebt haben. Am Petersberg fand man ein Jägerlager mit Feuersteinwerkzeugen und Waffen. 35 große Grabhügel aus der Zeit 2000 vor Christi entdeckte man in den Brandbergen und der Dölauer Heide. Menschen betrieben damals Ackerbau, hielten Vieh, besaßen Waffen aus Stein und Tongefäße mit Verzierungen. Sie kleideten sich in Felle. 400 vor Christi drangen Germanen, angelockt durch die Salzquellen, in unsere Region ein. Etwa um Christi Geburt erwähnte der römische Schriftsteller Tacitus die Hermanduren, einen Germanenstamm, als Bewohner des hiesigen Gebietes. Es sollen große, starke Menschen mit heller Haut und langem blonden Haar gewesen sein. Im vierten Jahrhundert wurde die Völkerwanderung durch die Hunnen ausgelöst, und die Hermanduren zogen südlicher. 300 Jahre später siedelten sich die Slawen (Sorben) an der Saale an. Dörfer mit der Endung "itz" sind slawischen Ursprungs. 806 errichteten die Franken in Halle ein Kastell und legten damit den Grundstein für eine jahrhundertlange Herrschaft.

Ziegelwiese Hier wurden früher Torfziegel gestochen.

Zoo
Der Zoologische Garten wurde 1901 im Park des Oberbergrates Professor Johann Christian Reil angelegt. Der Haupteingang liegt an der Reilstraße. Von der Tiergartenstraße gelangt man durch ein mittelalterliches Tor hinein. Fast 2500 Tiere in nahezu 300 Arten finden hier ein Zuhause. Auf den Felsen fühlen sich auch Gebirgstiere wohl. Viel Spaß macht es, den Tieren beim Füttern zuzusehen. Pinguine werden täglich 10.15 Uhr und 15.00 Uhr gefüttert, Seebären 10.45 Uhr, Keas 11.30 Uhr, Bären 13.30 Uhr, Schimpansen und Elefanten 14.30 Uhr. An Wochenenden und Feiertagen kannst du um 15.30 Uhr selbst die Elefanten füttern. In der Zooschule wirst du über die verschiedensten Tierarten und ihre Lebensweisen informiert. Wenn du die 44 Stufen im Turm hinter dem Hirschgehege hinauf gestiegen bist, befindest du dich auf dem höchsten öffentlichen Aussichtspunkt von Halle und siehst weit über die Stadt.

Hallesche Chronik

800 Karl der Große wird zum Kaiser gekrönt. Er regiert das Frankenreich.

806 König Karl, ältester Sohn Karls des Großen, errichtet in Halle am Domplatz ein Kastell als Stützpunkt des fränkischen Heeres gegen die Slawen.

843 Vertrag zu Verdun: Die Enkel von Kaiser Karl teilen das Frankenreich unter sich auf. Ludwig der Deutsche erhält Ostfranken.

919 Wahl des sächsischen Herzogs Heinrich I. zum König.

933 Gefecht bei Riade, König Heinrich I. siegt über die Ungarn, Ostfranken= Deutsches Reich

936 Otto, König Heinrichs Sohn, wird nach dessen Tod König.

961 Otto I. schenkt dem Magdeburger Moritzkloster den Gau Neletice und Giebichenstein

962 Otto I. wird vom Papst zum Kaiser gekrönt.

968 Otto I. gründet das Erzbistum Magdeburg. Bis zum Jahre 1680 gehören Halle und seine Umgebung dazu. Magdeburg lässt er zum Zentrum des deutschen Staates ausbauen.

987 Otto III. verleiht dem Erzbistum Zoll, Bann und Münze.

1064 Kaiser Heinrich IV. weilt in Halle.

1116 wird das Kloster Neuwerk gegründet. Es wird zum geistigen und kulturellen Zentrum in Halle.

1118-1124 fördert Graf Wiprecht von Groitsch (haust auf dem „Schwarzen Schloss“) die Entwicklung der Stadt und lässt das Altstadtgebiet durch einen mächtigen Mauerring umfassen. Der Markt wird zentraler Platz. Beginn des 12. Jahrhunderts Übertragung des Marktrechts von Giebichenstein nach Halle.

1128 Halle wird als wichtiger Handelsort für Salz und Tuche genannt.

1263 Die Stadt Halle schließt mit Erzbischof Rupertus einen Vertrag ab, der besagt, dass dieser keine Burg im Umkreis einer Meile und keine weiteren Solquellen anlegen darf. 2200 Mark Silber muss die Stadt dafür bezahlen.

1280 Beitritt Halles zur Hanse.

1310 Erzbischof Burchard erkennt die Ratsverfassung an. Dadurch wird gesichert, dass die Bürger mitregieren dürfen.

1316 Der Bau des Rathauses wird zur wichtigsten Aufgabe der neuen bürgerlichen Herrscher. Jährlich soll ein Rat gewählt werden.

1478 Erzbischof Ernst besetzt die Stadt.

1484 Er lässt die Zwingfeste erbauen. Damit setzt er dem Verlangen der Bürger nach einer Freien Reichsstadt ein Ende. Der Roland, das Zeichen der Unabhängigkeit, wird mit Brettern verkleidet.

1513	Erzbischof Ernst stirbt auf der Moritzburg. Markgraf Albrecht von Hohenzollern-Brandenburg wird sein Nachfolger und mit 28 Jahren zum Kardinal ernannt.
1520	Erzbischof Albrecht lässt das erste Buch in Halle drucken.
1541	Der Stadtherr muss Halle wegen seiner großen Schulden und weil Halle zunehmend protestantisch wird, verlassen.
1632	Augustus, Herzog von Sachsen-Weißenfels, wird Administrator.
1636	Zerstörung der Burg Giebichenstein und der Moritzburg durch schwedische Soldaten während des Dreißigjährigen Krieges.
1680	Halle wird preußisch.
1694	Gründung der Universität.
1695	August Hermann Francke gründet ein Waisenhaus.
1706	Halle muss an den ersten preußischen König Friedrich 32 000 Taler Steuern zahlen. Halle hat damals 8000 Einwohner.
1717	In Halle wird ein Regiment stationiert mit 2500 Mann (ein Viertel der Einwohner), um für "Ruhe und Ordnung" unter der Bevölkerung zu sorgen.
1721	Die königliche Saline beginnt zu produzieren. Sie verarbeitet die vom Landesherrn beanspruchte Sole. Heute befindet sich dort das Salinemuseum.
1756-1763	Im Siebenjährigen Krieg leidet die Stadt unter Plünderung, Raub, Erpressung, und ständigen Abgaben von Lebensmitteln, Geld, Getreide und Vieh.
1760	Herzog von Württemberg verlangt, dass binnen zwölf Stunden 100 000 Taler auf dem Rathaus zu hinterlegen sind.
1806	Halle wird als erste preußische Stadt von Napoleon und seinen französischen Truppen erobert.
1807	Halle wird dem neu gebildeten Königreich Westfalen zugeordnet.
1808	Durch Gesetz wird die Gewerbefreiheit geregelt.
1813	Völkerschlacht bei Leipzig, Sieg über Napoleon.
1815	Preußen bildet die Provinz Sachsen. Halle wird eingegliedert.
1831	Eine Stadtverordnetenversammlung wird erstmals gewählt. Von 25 000 Einwohnern sind 2281 wahlberechtigt. (Nur wer ein Jahreseinkommen von 300 Taler oder ein Grundstück im Wert von 800 Talern hatte, darf wählen.)
1840	Die Eisenbahnlinie Magdeburg-Halle-Leipzig wird eingeweiht.
1848	Eröffnung des Telegrafenamtes.
1868	Das Wasserwerk in Beesen wird gebaut und verbessert die hygienischen Verhältnisse.
1882	Die Pferdebahn wird in Betrieb genommen.
1886	Einweihung des Stadttheaters

1890 Halle hat über 100 000 Einwohner.

1891 Die erste elektrische Straßenbahn fährt.

1901 Der Zoologische Garten auf dem Reilsberg wird eröffnet.

1927 Halle hat 201 000 Einwohner.

1945 Am 31. März erfolgt ein schwerer Luftangriff und zahlreiche Gebäude werden zerstört. Am 17. April Einmarsch der US-Truppen und Beendigung der Nazidiktatur. Ab 1. Juli gehört Halle zur sowjetischen Besatzungszone und wird Hauptstadt der Provinz Sachsen.

1947 Halle wird Landeshauptstadt von Sachsen-Anhalt.

1952 Der Bezirk Halle wird gegründet.

1958 Grundsteinlegung für die Wohnstadt Süd.

1961 Die Stadt Halle feiert ihr tausendjähriges Bestehen mit einem sechs Kilometer langen Festumzug. 103 Szenen aus der Stadtgeschichte werden dargestellt.

1964 Grundsteinlegung für Halle-Neustadt.

1975/76 Wiederaufbau des im Kriege ausgebrannten Roten Turms.

1979 Baubeginn für das Wohngebiet Silberhöhe.

1982 Baubeginn für das Wohngebiet Heide-Nord.

1988 Halle zählt 236 000 Einwohner, Halle-Neustadt 91 800.

1989 Viele Demonstrationen mutiger Hallenser finden statt. Sie fordern Reformen und Gewaltfreiheit.

1990 Am 18. März finden die ersten allgemeinen, freien, gleichen und geheimen Wahlen in der DDR statt. Halle-Neustadt wird eingemeindet. Halle ist nun größte Stadt Sachsen-Anhalts und zwölftgrößte Deutschlands.
Im November erfolgt die Entscheidung über die Landeshauptstadt zu Gunsten von Magdeburg gegen Halle.

1993 Roter Turm erhält weltgrößtes Glockenspiel

1994 300. Jahrestag der Gründung der Universität Halle

1995 1. Hallesches Salzfest

1998 Errichtung des Göbel-Brunnen auf dem Hallmarkt

1998 Bau der Georg-Friedrich-Händel-Halle am Salzgrafenplatz

1998 300- jähriges Bestehen der Franckeschen Stiftungen

2002 500-Jahrfeier der Universität Halle-Wittenberg

2002 Halle und Neustadt zählen gemeinsam 240 000 Einwohner.

Adressen, Informationen, Tipps

Franckesche Stiftungen

Im Haupthaus wechseln die Ausstellungen. Besonders das Naturalienkabinett ist für dich interessant. Aber auch die Kulissenbibliothek ist sehenswert.
Im Krokoseum oder im Spielehaus kannst du abwechslungsreich deine Freizeit verbringen.

Franckeplatz 1, Haus 27, Telefon 2127400
Öffnungszeiten: Di. - So. 10:00 - 17:00 Uhr

Technisches Halloren- und Salinemuseum

Du erfährst viel über das Leben der Halloren und wie wichtig die Salzgewinnung für die Stadt als Quelle ihres früheren Reichtums war. Mehrmals im Jahr wird hier ein Schausieden vorgeführt. Dabei kann auch der Silberschatz der Halloren bewundert werden.

Mansfelder Straße 52, Telefon 2025034
Öffnungszeiten: Di. - So. 10:00 - 17:00 Uhr, Do. Eintritt frei

Händelhaus

Im Geburtshaus des größten Sohnes unserer Stadt erfährst du viel über die Lebensweise der Musiker in der Barockzeit und natürlich über Georg Friedrich Händel. Hier finden auch Konzerte statt und du kannst uralte Musikinstrumente bewundern.

Große Nikolaistraße 5, Telefon 50090-0
Öffnungszeiten: Mo. - So. 9:30 - 17:30 Uhr, Do. 9:30 - 19:00 Uhr

Staatliche Galerie Moritzburg

Neben einer sehenswerten Sammlung von Malerei und Grafik aus mehreren Jahrhunderten, insbesondere von Künstlern, die mit Halle verbunden waren oder noch sind, ist das mittelalterliche Brautzimmer der Halloren für dich interessant sowie die Münzen- und Kunstgewerbesammlung in den Gewölben.

Friedemann-Bach-Platz 5, Telefon 21259-0
Öffnungszeiten: Di. 11:00 - 20:30 Uhr (Eintritt frei),
Mi. - So. 10:00 - 18:00 Uhr

Museum Burg Giebichenstein

Das Freilichtmuseum gibt Auskunft über die ältesten erhaltenen Zeugnisse von Halles Entwicklung.

Teil des Stadtmuseums
Seebener Straße 1, Telefon 5233857
Öffnungszeiten: Mo. - Fr. 9:00 - 18:00 Uhr, Sa./So. 9:00 - 18:30 Uhr, Do. Eintritt frei

Stadtmuseum Halle "Schützenhaus"

Hier ist ein Geschichtsbilderbuch für dich aufgeschlagen. Du findest u.a. das Stadtsiegel, Wappensteine und die aus dem 12. Jahrhundert stammende Darstellung des Saalaffen.

Lerchenfeldstraße 13, Telefon 2926260
Öffnungszeiten: Mo. - Fr. 9:00 - 17:00 Uhr, Do. Eintritt frei

Stadtmuseum Halle "Christian-Wolff-Haus"

Die Ausstellungen wechseln. Zur Weihnachtszeit kannst du historisches Spielzeug bewundern und lernst die Bräuche deiner Groß- und Urgroßeltern kennen.

Große Märkerstraße 10, Telefon 221-3030
Öffnungszeiten: Mo. - Fr. 9:00 - 18:00 Uhr,
Sa./So. 10:00 - 17:00 Uhr, Do. 9:00 - 20:00 Uhr, Eintritt frei

Landesmuseum für Vorgeschichte

Du erfährst vom Leben unserer Vorfahren bis zurück zu den Anfängen der Besiedlung und der Entstehung unserer Landschaft. Ein Mammutskelett wird dich sicher beeindrucken.

Richard-Wagner-Straße 9/10, Telefon 5247-30
Öffnungszeiten: Di. - Fr. 9:00 - 17:00 Uhr,
Sa./So. und Feiertage 10:00 - 18:00 Uhr

Geiseltalmuseum

Du begreifst, welche Bedeutung früher die Braunkohle für die Region um Halle hatte, und staunst bestimmt, wenn du siehst, was bei ihrer Gewinnung noch alles gefunden wurde.

Domstraße 5, Telefon 55261135
Öffnungszeiten: Mo. - Fr. 9:00 - 12:00, 13:00 - 17:00 Uhr,
jeden 2. Sa./So. 9:00 - 13:00 Uhr, Eintritt frei

Christina Seidel

Biographie

Geboren in Halle (Saale), verheiratet, zwei Söhne.

Chemiestudium und Promotion, Assistenz an der Universität und Recherche für die Forschung im Chemischen Kombinat Bitterfeld.

Seit 1983 schriftstellerisch tätig, VS Mitglied, seit 1993 Leiterin des Kinder-Jugend-Schreibring e. V. und der Begegnungsstätte „Schöpf-Kelle" in Halle (Saale).

Seit 2000 Dipl.-Sozialpäd. und im Jahr 2000 Stadtschreiber in Halle (Saale), schreibt für und mit Kindern und Jugendlichen.

Antworten

1. Da steht eine Burg überm Tale... (1. Strophe)
2. Die vier Turner- F: Frisch, fromm, fröhlich, frei
3. Das Pferd steht für die Stadt- , die Kuh für die Landseite.
4. Das Laternenfest.
5. Richard Rive (1864-1947) war u. a. Bürgermeister von Halle und hat sich sehr für die Saalestadt eingesetzt.
6. Das Knoblauchfest – Diese alte Tradition, 1870 von der Polizei aus nicht überlieferten Gründen verboten, wurde in diesem Jahr wieder belebt.
7. Das Wort Dom kommt aus der lateinischen Sprache(domus) und bedeutet Haus. Ein Dom war früher der Sitz eines Bischofs.
8. Große Nikolaistraße, das Händelmuseum
9. Das goldene Schlößchen
10. 1596
11. Christian Thomasius, das Stadtmuseum
12. Thomasianum
13. 500 Jahre
14. Christian Thomasius, August Hermann Francke, Robert Franz
15. 1829
16. Das Geburtshaus des Komponisten Robert Franz. (1815 – 1892)
17. Maurer, Tischler, Schmied, Steinmetz, Zimmermann
18. 1816, 1912
19. Der achteckige Turm mit Haube und Laterne gehört zur Kirche der ehemaligen Fischersiedlung Beesen.

Für Lektorat und Hilfe danke ich meinen Kollegen Rolf Krohn und Kurt Wünsch, dem Direktor des Stadtmuseums Bernd Werner und meinem Sohn Stephan.

Christina Seidel

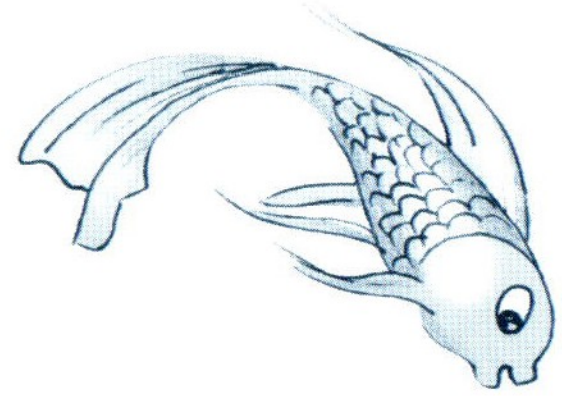

Kerstin Sebastian

Biographie

Geboren in ElgersburgThür., zwei Kinder.

Erlernter Beruf Porzellanmaler. Studium an der Fachhochschule für angewandte Kunst in Heiligendamm zum Dipl.-Industriedesigner. Danach in der Dekorentwicklung des Porzellanwerkes Lettin tätig.

1991 Umstieg in die Werbebranche. Seit 1998 in der DVZ-Marketing-Service GmbH bzw. DVZ-Verlags-GmbH als Dipl.-Werbedesigner tätig.

DVZ-VERLAGS-GmbH
Daniel-Vorländer-Straße 6
06120 Halle (Saale)
Telefon: 0345 6932-499
www.dvz-verlag.de,
www.buecherkisten.de

Weitere Neuerscheinungen

Halle an der Saale - Markt, Hallmarkt, Spitze

Der vor knapp 500 Jahren gehängte Hans von Schönitz, Freund, Widersacher und schließlich Opfer von Kardinal Albrecht, kehrt durch einen Zeitsprung in seine geliebte Saalestadt Halle zurück. Kaum angekommen, verdingt er sich als Stadtführer. Auf dem Weg vom Markt zur Spitze erzählt er dem Leser Geschichten, Sagen und Legenden aus jener Zeit. Ergänzt wird die unterhaltsame Story durch einen kurzen Sprachkurs in hallescher Mundart und einige Rezepte hallescher Gerichte.

ISBN 3-9807801-0-4

Halle an der Saale - Große Ulrichstraße, Universität, Stadtgottesacker

Rosenmontag in Halle. Auf dem Marktplatz im närrischen Treiben begegnen sich Julia, eine als Hexe verkleidete Jurastudentin und Christian Thomasius, der Kämpfer gegen Hexenwahn und Mitbegründer der halleschen Universität. Sie verabreden sich für den Aschermittwoch, um Orte aufzusuchen, an denen Thomasius wirkte und weilte. Der Leser folgt den beiden die Große Ulrichstraße entlang, am Universitäts- und Hansering vorbei bis zum Stadtgottesacker. Erinnerungen werden bei Thomasius wach und Trauer über Vergangenes und Verlorenes, aber auch Freude und Staunen über Neues und Restauriertes.

ISBN 3-9807801-1-2

Halle an der Saale - Historischer Stadtkern Franckesche Stiftungen

Am Dreikönigstag des Jahres 2002 kehrt August Hermann Francke in seine Stiftungen zurück. Unerkannt folgt er der jungen Studentin Franziska bei ihrer Stadtführung, mischt sich ein, widerspricht, staunt über das, was seit seiner Zeit neu entstanden ist. Der Autorin gelingt es, Leben und Werk Franckes im Zusammenhang mit der Stadt Halle darzustellen. Wer sich dem Rundgang anschließt, erfährt vieles, was nicht stadtbekannt ist. Die sehenswerten Fotografien zeigen Gebäude, Straßen und Plätzen aus oft unbekannten Blickwinkeln.

ISBN 3-9807801-2-0

Plaudereien Stadtführerin Lilo mit dem Kolkraben auf Schloss Merseburg

An einem Frühlingstag im Hof des Merseburger Schlosses setzen sich Stadtführerin Lilo und der Schlossrabe mit Leidenschaft und Augenzwinkern mit dem früheren Glanz, heutigen Antlitz und den Sagen der Saalestadt auseinander. Über 80 farbige Aufnahmen und zahlreiche Handzeichnungen ergänzen das informative Zwiegespräch. Lieselotte Witte, den Merseburgern und den Gästen der Stadt als engagierte Stadtführerin bekannt, erzählt auf amüsante Art die Geschichte und die Geschichten der Stadt Merseburg.

ISBN 3-9807801-3-9

Stadtrundgang der kleinen Nixe Hallelore